문화 에너지

국립중앙도서관 출판시도서목록(CIP)

문화 에너지 : 이규식 문화론집 / 지은이: 이규식. -- 대전
: 문화의힘, 2014
p. ; cm

ISBN 978-89-90647-70-2 03810 : ₩15000

문화론[文化論]

331.5-KDC5
306.01-DDC21 CIP2014003599

문화 에너지

| 이규식 문화론집 |

도서출판 문화의 힘

|차례|

1부 _ 지금은 문화, 미래에는 문화재

2부 _ 디자인이 이끄는 세상

3부 _ '無求品高'

3부_無求品高

3부_無求品高

문화 에너지

지금은 문화, 미래에는 문화재 1부

문화 에너지

오바마 서점 나들이

외신은 버락 오바마 미국대통령의 서점 나들이 소식과 사진을 보도했다. 우리나라 인터넷 댓글에서는 대체로 긍정적 반응을 보였다. 경호원도 별로 보이지 않고 두 딸을 동반한 책방 방문에서 인간적인 면모가 부각되었다는 평가가 지배적이었다. 그 중에는 미국 내에서 그다지 높지 못한 인기와 평판을 만회하려는 언론 감성플레이라고 폄하하기도 했지만 그 목소리는 작았다.

민생투어를 내세운 시장방문, 어묵을 먹거나 생선과 배추를 사드는 정치인들의 행태에 식상한 우리 사회로서 색안경을 쓰고 볼 만도 하다. 그러나 서점이라는 문화공간도 그렇고 가죽 재킷 차림의 소박한 복장, 계산대에서 책값을 지불하는 서민적 모습은 강대국 지도자의 경직된 면모를 불식시키기에 충분했다.

지난 해 프랑수아 올랑드 프랑스 대통령이 집 근처 조그만 가게에서 치즈며 와인, 담배 같은 소소한 물건을 직접 사는 모습을 바로 앞에서 봤다는 파리 거주 제자의 전언이 있었다. 이 경우 이동 중 차를 세워 가게로 들어갔을 터이므로 사전 경비배치도 거의 없

었을 것이고 그야말로 이웃 아저씨 같은 모습으로 일상의 현장에 있었다는 사실은 신선한 충격을 준다.

우리나라 국가원수를 비롯하여 여야 정치인들이 자주 민생현장을 찾고 있다. 주로 시장과 역, 터미널, 대학, 군부대, 서민 거주지역, 스포츠 경기장 등인데 아직 서점이나 갤러리를 찾았다는 소식을 듣지 못했다. 인터넷 서점에 눌리고 책 안 읽는 사회풍조에 치받히는 오프라인 서점의 회생과 관심유도를 위하여 영향력 있는 사람들의 방문이 필요하다. 사진 찍기가 주목적인 의례적인 정치성 이벤트라 하더라도 서점으로도 발길을 옮기는 문화감각을 기대한다. 몇 분 머무르고 휑하니 떠나기 보다는 거기서 출판, 도서 유통 진흥을 위한 조치나 입법예고 같은 전향적인 정책을 피력한다면 얼마나 예뻐 보이겠는가.

지금도 '네르발' 들은 죽어간다

1855년 추운 겨울날 파리 비에이유 - 랑테른 거리 후미진 골목에서 남루한 차림의 중년 남자가 목매어 숨져갔다. 파리 중심가지만 인적 뜸한 이 지역에서는 이런 일이 종종 있어 단순한 행려자살자로 처리될 수도 있었다. 가난과 주변의 몰이해, 8번 이상 정신착란 증세로 병원을 드나들었던 시인 제라르 드 네르발(1808~1855)은 이렇게 길지 않은 삶을 마감했다. 얹혀살던 숙모에게 시인은 이런 글을 남기고 집을 나섰다고 한다. "오늘 밤 기다리지 마세요. 밤이 하얗고 검을 테니까요…."

스스로의 광기를 못 이기며 타고난 천재성을 알아주지 않던 부르주아 속물사회에 절망하고 젊은 시절 만난 여배우 제니 콜롱과의 이루어질 수 없는 사랑 이후 그녀가 죽은 뒤 꿈과 일상을 자유로이 넘나들었던 네르발의 죽음은 여러 의미를 남긴다.

프랑스 문학 최초의 상징주의자이자 초현실주의자로 꿈을 현실세계와 초자연 세계 사이의 전달 수단으로 삼았던 시인 네르발이 이해되기까지는 적지 않은 세월이 필요했다. 그가 남긴 작품은 자신의 체험과 꿈, 선량하고 예민한 시인을 광기로 이끈 환상과 몽상을 보여주면서 20세기 들어서야 주목받는 문호의 반열에 올랐던 것이다.

> "나는 침울한 사람, 홀아비, 위로받지 못한 자,/ 무너진 탑에 갇힌 아키텐의 왕자/ 나의 유일한 별은 죽었다. 별이 총총 박힌 내 칠현금七絃琴은/ 멜랑콜리의 검은 태양을 품고 있다"
>
> – 네르발, 「불행한 사나이」 부분

'검은 태양'. 네르발을 죽음으로 이끌었던 이 '검은 태양'은 물질적 풍요를 구가하면서도 주변의 불우한 사람들을 둘러보기에 게을렀던 19세기 중반 프랑스 사회처럼 21세기 초 한국 사회에도 여전히 떠있다. 그 검은 태양이 드리우는 갖가지 그림자가 지금 우리 주변에서 제2, 제3의 네르발을 죽게 하는 것은 아닐까.

최인호 작가를 애도함

최인호 작가의 문단 등단 50주년 기념 작품집『최인호의 인생』을 구입하여 집에 돌아오니 몇 시간 전 세상을 떠났다는 보도가 들려왔다. 책을 살 때는 생존 작가였는데 귀가해서 읽어보려는 찰나 이미 작고한 소설가가 되어버린 참으로 희귀한 경우를 경험했다. 1970~80년대 한국문학을 이야기할 때 빼놓을 수 없는 작가, 청년문화라는 막연한 개념을 실체로 보여준 소설가, 끊임없는 탐구와 사색, 답사와 공부, 문체와 화법의 변화를 실천한 예술가…. 이런 수사학적 표현만으로 최인호 작가의 삶과 문학을 아우르기는 어렵다.

필자의 고등학교 시절 연극반에서 몰리에르 원작「수전노」번역극을 공연할 때 연출지도로 초빙한 분이 최인호 작가였다. 이미 고등학교 2학년 때 신춘문예 가작 입선을 하고 대학생 시절 신춘문예 당선의 영광을 거머쥔 전도유망한 청년작가였지만 작품청탁도 뜸하고 별다른 직업도 거의 없던 차에 연극 지도를 선뜻 맡아주었다.

최인호의
인생
최인호 문학 50주년, 신작 작품집
"잠들기 전에 먼 길을 가야 하리라.
삶의 고갯길 저 너머…."

열정적인 연기 지도는 물론 무대 구성과 복장에 이르기까지 세세하게 챙겨주었고 연습 후 중국집에서 짜장면을 먹으며 들려주던 이야기는 10대 소년들에게 꿈을 불어넣어 주기에 충분했다. 글솜씨처럼 말재간 역시 탁월하여 듣는 사람의 넋을 사로잡았다. 그런 언변의 그가 몇 년 전부터 침샘암 이라는 희귀병으로 대화가 힘들어진 얄궂은 운명은 더욱 안타까웠다.

농업과 공, 근대와 현대가 엇갈리는 1970~80년대, 사회와 환경에 의해 부당하게 내몰리고 왜곡된 여러 삶의 모습을 현미경과 망원경으로 비춘 슬프고도 아름다운 이야기는 대중성과 예술성을 동시에 확보하였다. 1990년대 들어서는 역사에 몰두하면서 우리 민족의 원형질과 이상을 천의무봉한 상상력과 유장한 문체로 끊임없이 풍성한 이야기를 풀어놓았다.

그가 작품 활동을 펼친 지난 수십 년 독자들은 행복했다. 그의 빈자리를 이제 누가 채울까. 더 탁월한 작가가 나타나겠지만 그 사이 허전함은 적지 않게 클 듯하다.

덴마크 사람들은 왜 행복할까

유엔이 발표한 각국의 '행복지수'를 보았습니다. 전 세계 156개국을 대상으로 했다는데 '행복'이라는 추상적이고 막연하며 개개인의 체감지수가 각기 다른 개념을 어떻게 순서를 매길지 궁금했습니다. 한국은 당초 50 몇 위로 보도되었는데 몇 시간 간격으로 두어 번 순위가 올라가더니 마지막으로 40 몇 위로 굳어지더군요.

덴마크가 행복지수 1위라고 합니다. 우리에게는 북유럽 조그만 나라, 낙농업과 정밀공업이 발달했고 척박한 환경을 극복한 복지국가, 안데르센 동화 등 몇 가지 이미지로 다가오는 강소국强小國이지요.

덴마크의 행복지수가 높을 수밖에 없는 이유를 사람들은 여러 근거로 설명합니다. 덴마크처럼 행복하게 살려면 유심히 살펴볼 대목입니다. 단기간에 달성은 어렵겠지만 우선 가능한 사안부터 하나하나 고쳐나가야 하는데 국민적 공감대 형성이 관건일 것입니다.

우선 입시로부터의 자유를 꼽습니다. 대학입시가 사회불안요소

덴마크 코펜하겐 티볼리 공원 앞 안데르센 동상

의 고삐를 쥐고 있는 상황부터 바꿔야 하는데 공부는 여러 재능, 능력 가운데 하나일 뿐이라는 인식이 선행되어야 합니다. 두 번째 사회안전망과 복지시스템이 촘촘히 갖추어져 병원비와 대학등록금 무료, 실직수당 같은 혜택이 사회갈등과 불안을 줄여 줍니다. 특히 덴마크에서는 계층 간 이질감이 적다고 합니다. 저마다 직업에 대한 자부심이 강하고 국회의원이 방문코너로 내려와 손님을 맞이하고 손수 차를 대접하며 등원 시 자전거를 이용합니다. 35% 직장인이 자전거로 출퇴근하는 덴마크는 시내, 도시간 자전거도로가 끊임없이 확충되는 자전거 천국입니다. 의사당 앞에 즐비한 국회의원들의 자전거는 생소하지만 무척 감동적이었습니다. 봉급 50% 이상을 기꺼이 세금으로 내려면 정부와 사회에 대한 믿음이 없이는 불가능할 것입니다. 550만에 불과한 영세한 인구에도 이웃 간의 신뢰는 두텁습니다. 밀접한 연계망으로 주민들은 소소한 부분까지 서로 협력하며 즐거운 일상에서 행복을 만들어 갑니다.

안데르센 동화에 나올법한 이야기 같은 덴마크 사람들의 삶이 우리에게도 실현되려면 이 가운데 무엇부터 먼저 시작해야 할지요.

프랑스 아이는 왜?

미국 여성 언론인 파멜라 드러커맨이 쓴 『프랑스 아이처럼』(원제는 Bring up BéBé)을 읽었다. 저자는 정리해고 통보를 받고 반쯤 도피성으로 결혼을 선택하고 이어 출산과 육아에 준비 없이 뛰어들었다. 그것도 생면부지의 프랑스 파리에서. 파리 생활에서 저자는 주변의 생소한 풍경에 눈을 돌리게 된다. 레스토랑에서 소란을 피우기는커녕 얌전히 앉아 코스 요리를 먹는 유아들, 화사한 정장 차림에 풀 메이크업을 하고 아이들 뒤치다꺼리를 하는 엄마들, 놀이터나 시장에서 떼를 쓰며 징징거리지 않는 아이들, 치킨이나 피자 대신 브로콜리, 파프리카를 잘 먹는 아이들, 생후 몇 개월부터는 밤에 한 번도 깨지 않고 잘 자는 아이들….

처음에는 우연의 일치인줄 알았다고 한다. 예외적인 교육을 시킨 유별난 가정에서나 볼 수 있는 일로 여겼던 것이다. 본격적으로 이런 현상을 취재, 탐사하기 시작한 저자는 이것이 프랑스의 뿌리 깊은 인간이해로부터 시작된 독특한 육아철학에서 가능한 일임을 알게 되었다고 진술한다.

그래서 이 책의 첫 장도 '레스토랑에서 소란을 피우지 않는 프랑스 아이들'이다. 저자는 이 글의 끝머리에 "프랑스 부모들은 그저 '아이란 어떤 존재인가'에 대해 다르게 생각할 뿐이었다."고 다소 모호한 결론을 내린다. 그렇다고 모든 부모들이 철학적, 심리적, 교육적 견지에서 아이들의 언행지도, 양육훈도 방법에 대해 진지한 연구와 궁리를 하는 것도 아닐 것이다.

프랑스 어린이들이 보여주는 의젓함은 잘못을 저질렀을 경우 즉각적인 응징과 뒤따르는 적절한 위무라는 단순한 사례로 보충설명 될지 모르겠다. 식당에서 소리 지르거나 뛰어다니며 눈살을 찌푸리게 할 경우 어머니는 즉각 아이의 뺨을 몇 대 후려친다. 놀란 아이는 행동을 멈추고 풀이 죽어 흐느낀다. 어머니는 얼마 뒤 아이를 껴안고 토닥이며 위로의 말을 건넨다. 이런 일련의 과정에서 중요한 것은 적절한 타이밍이다. 너무 빠르지도 너무 늦지도 않게 징벌과 위로를 병행하는 노련한 감각과 수완이 아이들 인성교육의 중요한 실천세목이 되는 것이다. '기를 죽이지 않기 위하여' 아이들의 무례한 소란과 질서파괴를 마냥 흐뭇하게 지켜보는 우리 사회 일부 부모들에게 꼭 들려주고 싶은 대목이다.

아! 빅토르 최

옛 소비에트 연방(USSR)이 붕괴하고 산하 여러 나라가 속속 독립하는 가운데 소련이 러시아라는 이름으로 개편되어 가는 격동기, 짧은 삶을 불꽃처럼 살다간 한국계 러시아 가수 빅토르 최(1962~1990). 우리나라에서는 1990년대 전반 한동안 관심을 모으다가 지금은 대중의 뇌리에서 거의 잊혀진 이름이 되었지만 빅토르 최 팬 카페 등에서는 그의 열정과 음악을 추모하는 열기가 여전히 뜨겁다.

고려인 2세 아버지와 우크라이나인 어머니 사이에서 태어난 빅토르 최는 호소력 강한 가사와 리듬, 제임스 딘을 연상시키는 우수에 찬 용모, 대중친화적인 활동으로 러시아 혁명 이후 70 여 년간 지속되어온 폐쇄적인 사회주의 체제에 염증을 느낀 젊은이들에게 깊은 인상을 심어주었다. 반항과 자유를 외치며 경직된 소련 체제를 향하여 절규하는 듯 뿜어내는 록의 선율은 짧은 시간에 빅토르 최를 그 시대 우상으로 자리매김 할 수 있었다.

지금도 의문으로 남아있는 교통사고와 죽음으로 그가 이끌었던

모스크바 아르바트 거리 빅토르 최 추모벽

인기절정의 록 그룹 '키노'는 그 후 해체되었다. 할아버지의 나라 한국공연을 얼마 앞 둔 시점이었다. 그의 죽음을 비관한 러시아 여성을 포함한 5명이 스스로 목숨을 끊었다는 보도도 있었다.

'러시아의 비틀즈'라는 짧은 표현이 보여주듯 러시아 록 음악은 빅토르 최로부터 시작되었다고 할 정도로 그가 러시아 대중문화에 끼친 영향은 대단하였다. 모스크바의 인사동이라는 아르바트 거리에는 빅토르 최를 기리는 추모의 벽이 조성되었다. 주변이 음산하고 정돈되지 않은 환경 탓에 으스스한 우범지대 분위기를 느끼게도 하지만 끊이지 않는 추모행렬은 그의 사진 앞에 꽃과 담배 등을 놓아두고 아쉬운 발길을 돌린다.

한류 붐이 다소 주춤한 듯한 이즈음 진정한 한류열기 정착을 위해서는 아이돌 스타를 비롯한 현역 연예인의 왕성한 활동도 중요하지만 빅토르 최같이 한민족의 피를 이어받은 재외 한국계 문화예술, 연예인들을 적극적으로 발굴, 육성하는 작업 또한 중요하지 않을까. 해당 국가에서 토착 문화활동을 전개하는 한국계 젊은이들을 지원하는 가운데 자연스럽게 우리민족의 DNA를 부각시키는 일은 지속가능하고 공감의 폭을 크게 넓히는 한류진흥의 지름길이 될 수 있기 때문이다.

중국인들이 몰려나오고 있다

근래 우리나라에 유학하러 오는 중국인 학생들이 급격히 줄고 있다. 그동안 봇물처럼 밀려왔던 중국 학생들로 여러 대학들은 모자라는 내국인 학생 수를 보충하였고 교육부에 보고하는 국제화 지표에서 비교우위를 점할 수 있었다. 그러던 것이 미국, 유럽 등 서양 여러 나라 대학들의 문호가 확대되면서 상대적으로 한국에 대한 관심이 줄어드는 가운데 새로운 지형변화가 일어나는 중이다,

그간 국내 여러 대학들이 제시한 중국학생 유치를 위한 장밋빛 플랜이 제대로 이행되지 않은 것도 영향을 미쳤을 것이다. 옥석을 가리지 않고 받아들이는 가운데 우리말 능력이 현저히 떨어져 강의를 제대로 이수하기도 어렵고 이런저런 장학금과 편의제공도 당초 약속과 다르다는 주장이다. 밀물처럼 몰려왔던 중국인 유학생들이 유럽으로 미국으로 썰물처럼 빠져나갈 조짐이 두드러지는 이즈음 새로운 외국인 유학생 정책이 필요하다.

소득이 증가하고 외국여행 자격이 확대되면서 해외관광에 나서

는 중국인들 역시 급격히 늘고 있다. 일본인 방한이 주춤하는 사이 제주도를 비롯하여 우리나라를 찾는 중국인이 크게 증가하는 것처럼 유럽지역 단체 관광객의 증가는 예전 우리의 모습을 판박이로 보여준다. 1964년 도쿄 올림픽 이후 일본인들의 해외나들이가 본격화되었고 1988년 서울 올림픽을 계기로 우리 국민의 외국여행이 급증한 경우와 동일하다. 아직은 일부 계층에 국한되고 있지만 앞으로 완전개방이 이루어지면 13억 중국인들의 해외여행이 세계 경제, 사회, 문화에 미치는 영향은 실로 막대할 것이다.

해외여행 자유화 조치 이후 우리들이 보여주었던 촌스럽고 거칠었던 모습을 지금 중국인들이 세계 곳곳에서 반복하고 있다. 유난히 시끄러운 말소리에 그다지 단정치 못한 복장과 매무새, 아직은 몸에 배지 않은 매너와 에티켓 등 중국인들이 몰려다니는 세계 유명관광지는 시끌벅적하다. 일본인들의 바람직하지 못한 외국여행 스타일을 우리가 비난하면서도 답습하였듯이 과거 우리가 보였던 부끄러운 모습이 이즈음 중국인 관광객들을 통하여 기시감으로 투영된다.

해외여행 자유화 선배국가로서 우리가 보여줄 수준 높은 매너는 제대로 갖추어져 있을까. 속속 이탈 조짐을 보이는 중국인 유학생들이 우리나라를 떠나는 근본 이유가 무엇일까 곰곰이 짚어볼 때이다.

이런 형제 저런 형제

프로방스에서 파리로 올라온 화가 빈센트 반 고흐는 파리 근교 작은 마을에서 불꽃처럼 피어오른 마지막 작업을 펼치다 서른일곱에 목숨을 끊었다. 스스로 권총을 쏘았으나 숨을 거두기까지 상당한 시간이 걸렸다고 한다. 그 사이 고흐가 느꼈을 고뇌와 고통의 맥박이 지금도 그의 하숙집 곳곳에서 선연히 새어 나오는 듯하다.

파리에 살던 동생 테오가 달려와서 고흐는 그의 품에서 세상을 떠났다. 오베르 쉬르 우아즈 마을 공동묘지 제일 안쪽 벽면 아래 두 형제의 무덤이 나란히 놓여있다. 평생 동생에게 이런저런 심려를 끼치다가 속절없이 먼저 간 철없던 형을 따라 동생 테오도 몇 달 뒤 죽었다. 버팀목이 되어 보살펴야 했던 형이 떠나자 더 이상 삶의 의미를 지탱할 수 없었기 때문이었을까. 형제간에 오간 편지는 '고흐의 편지'라는 이름으로 발간되어 우애 깊은 형제, 정신적 반려로서의 가슴 저린 소통의 미덕을 보여준다.

어디 고흐 형제뿐이랴. 18세기 열기구를 세계 최초로 발명했던

오베르 쉬르 우아즈 마을 공동묘지 제일 안쪽 벽면 아래 고흐 형제의 무덤이 나란히 놓여 있다

몽골피에 형제가 그러하고 영화를 고안한 뤼미에르 형제 또한 우의 돈독하고 긴밀한 협력과 보완 속에 대문자로 이름을 장식했다. 최근 미국 코네티컷 주 지사가 처음 비행기를 발명한 사람은 라이트 형제가 아니라 코네티컷 주 출신의 구스타브 화이트헤드라고 주장하여 논란이 일고 있지만 아직 더 치밀한 검증이 필요한 단계다. 이 라이트 형제 또한 깊은 이해와 소통으로 호흡을 맞춘 형제애의 극치를 보여주었다. 동일하면서도 각기 개별적인 유전자와 재능을 타고난 까닭일까. 형제가 합심하여 이루어 놓은 갖가지 업적은 세계 문화사에 보석처럼 빛난다.

이런 사례를 보다가 우리 사회 특히 재벌가문 형제들의 재산다툼과 알력, 갈등에 이르러서는 짜증이 난다. 천문학적인 재산을 놓고 이들이 벌이는 이전투구 대립양상은 끝 간 데 없이 증폭되고 있다. 부호들의 경우만이 아니다. 걸핏하면 폭력과 분쟁, 고소 사태로 번지는 이즈음 비뚤어진 형제간의 반목은 가족연대의 와해, 가문의식의 실종 그리고 무엇보다도 배금사상의 만연을 보여주는 듯 서글프다. 이제 거의 모든 가정이 한두 자녀를 키우다 보니 고흐 형제가 보여주었던 우애와 연대는 핏줄이 아닌 개별적인 우정과 네트워크의 힘으로 대체해야 할 때에 이른 듯싶다.

명불허전名不虛傳, 조용필

세대를 아우르며 오랜 세월 한결같은 열광을 자아내는 힘은 어디에서 비롯될까. 이런 현상이 가능한 분야는 그리 많지 않다. 문학의 경우 극소수 문인의 작품이 그런 사례를 보여주지만 쇠약해지는 문학의 위상이나 파급효과를 감안할 때 일정부분 한계를 보이고 있다.

영화는 대단한 영향력으로 엄청난 대중동원 능력을 확보하고 있다지만 점차 투자나 스크린 독점 면에서 재벌기업의 손길이 넓어지면서 흥행, 오락 위주로 치닫는 가운데 세대 간 선호 작품은 엇갈린다.

이런 문화 패러다임 속에서 가수 조용필의 존재는 단연 독보적이다. 40여년 끊임없이 변모를 거듭하는 그의 가요활동은 그때마다 의미 있는 방점을 찍어왔다. 10년 만에 발매한 19집에 담긴 'Hello'와 '바운스' 같은 노래는 나이나 성별, 환경의 편차를 넘어 국민가요의 반열에 접어들었다. 한때 트롯 가요에 몰입하는가 했더니 곧이어 전혀 다른 스타일의 노래를 선보였고 인기인으로서

의 처신 역시 지나친 신비화도 그렇다고 너무 자신을 노출시키는 전략도 아닌 적절한 선에서 대중과 사회와의 교감을 이어가고 있다. 19집 앨범 발매 기념으로 서울, 대전, 의정부, 대구, 진주 등지에서 여는 콘서트에 쏠린 관심과 호응은 여전히 가왕으로서 우뚝 선 그의 위상을 확인시켜준다.

명불허전名不虛傳. 조용필의 노래는 10대 청소년으로부터 노년에 이르기까지 전 연령층을 끌어당기는 흡인력이 여전히 건재함을 웅변한다. 각박해지고 분열된 민심, 어지럽고 불안한 세상에서 상처받은 정서를 보듬고 위로하는 그의 가창력은 온전한 힐링의 본보기가 되기에 넉넉하다.

쉬지 않고 모색하는 새로운 장르와 스타일의 가능성, 민심의 추이와 사회가 흘러가는 변화의 물꼬를 정확히 짚어내면서 거기서 발생하는 기쁨과 슬픔, 희망과 좌절을 노래에 담아 대중을 열광하게 만드는 힘은 어디에서 솟구치는 것일까. 165cm 단신에서 뿜어나오는 열정적인 가창력과 거침없는 호흡, 수만 명 관중 앞에서도 흡사 한 사람 앞에서 노래 부르는 듯한 조용필의 소통력은 경이롭다.

10대로부터 70대에 이르는 전 세대가 두루 공감하고 긍정적인 반응을 끌어오는 저 마력 같은 가창력에서 대중들은 위로 받는다. 두 시간 넘는 콘서트에서 줄곧 야광봉과 팔을 흔들며 환호하는 불특정 다수의 드높은 환성에서 진정한 대중문화의 생명력이 읽혀진다.

오스만 남작은 이렇게 파리를…

파리는 긴장과 여유를 함께 지닌 도시다. 꽉 짜여 팽팽한 일상과 대도시의 번잡함이 주는 긴박함 속에서 곳곳에 배치된 사소한 편의와 감각으로부터 여유와 넉넉함이 우러난다. 파리의 이런 모습에서 곧 오스만 남작(1809~1891)이라는 인물이 떠오른다. 1848년 제2공화국 대통령으로 당선된 후 쿠데타를 일으켜 스스로 황제가 된 루이 나폴레옹(나폴레옹 3세)은 집안 아저씨뻘인 보나파르트 나폴레옹, 즉 나폴레옹 1세의 야망과 집권 시나리오를 충실하게 따랐고 그 결과 보불전쟁에서 패배하여 퇴위할 때까지 18년간 제2제정을 이끌었다. 결단력과 자신감에 넘쳐있던 오스만을 발탁한 것은 나폴레옹 3세였고 제2제정 기간 동안 계속된 파리 도시 개조작업의 주도적 역할을 그에게 맡긴다.

파리는 이때 오늘 우리가 보는 모습으로 면모를 일신하는데 오스만에 대한 평가는 예나 지금이나 크게 엇갈린다. 19세기 중반 파리는 나름대로 품위와 조화를 유지했고, 프랑스 혁명기 참화로부터 견뎌낸 옛 건축물들이 오히려 평화 시에 파괴되었다는 사실

오스만 남작과 파리 오스만 대로

에 사람들은 가슴 아파 하였다. 여기서 오스만에 대한 부정적 시각이 출발한다. 불도저식으로 밀어붙인 오스만의 파리개혁 작업의 그늘에서 아련한 역사의 자취는 근대도시 울타리 안으로 편입될 수밖에 없었다.

반면 오스만은 파리 주변도시들을 합병하고 좁고 구질구질한 시가지를 정비, 폭넓은 대로를 건설했고 난마처럼 얽힌 파리의 뒷골목과 빈민 주거지역, 소규모 영세상인과 점포를 파리 외곽으로 몰아내면서 바야흐로 파리는 현대도시로 탈바꿈할 수 있었다는 주장도 만만치 않다. 더러는 오스만이 파리 개조작업에 박차를 가하지 않았다면 예전의 파리는 완전히 파괴되었을 것이라고 말하기도 한다.

파리 근대화 작업을 미루다가 도도한 물질문명의 물결 앞에 허둥지둥 도시 개조작업이 이루어졌다면 파리는 다양한 현대식 빌딩이 들어섰을지언정 운치나 개성이 사라진 그저 그런 도시가 되었을 것이라는 견해가 설득력을 얻는다. 굽은 길을 곧게 펴서 대로를 만들어 곧 다가올 자동차 시대에 대비한 오스만 남작의 안목은 남다른 데가 있었다. 생전, 사후의 무수한 공격과 폄하 그리고 죽은 지 100년이 훨씬 넘은 지금까지 이어지는 칭송과 함께.

'껍데기는 가라'

껍데기는 가라
사월四月도 알맹이만 남고
껍데기는 가라

(……)

그리하여, 다시
껍데기는 가라
이곳에선, 두 가슴과 그 곳까지 내논
아사달과 아사녀가
중립中立의 초례청 앞에 서서
부끄럼 빛내며
맞절할지니

껍데기는 가라
한라에서 백두까지

향그러운 흙가슴만 남기고

그, 모오든 쇠붙이는 가라

– 신동엽 「껍데기는 가라」 부분

무슨 설명이 필요할까. 어떤 분석과 해설로 이 작품의 진정성과 시적 성취를 부연할 것인가. 1967년 발표한 '껍데기는 가라'는 '누가 하늘을 보았다 하는가', '산에 언덕에' 등과 함께 지금도 살아 숨쉬는 신동엽 시인(1930–1969)의 대표작이다. 시어 그 자체가 메시지가 되고 읽어가는 동안 생겨나는 절묘한 리듬은 그리 큰 흥분 상태 없이 자연스럽게 시인의 감성과 의지 속으로 독자를 이끌어 간다.

시 발표 이후 거의 반세기. 이즈음 '껍데기'는 사라졌을까. 한라산에서 백두산까지 향기로운 흙냄새만 남아있고 껍데기와 쇠붙이는 가버렸을까. 5월 초 충남 부여읍 시인의 생가 바로 옆에 문을 연 신

신동엽 문학관 입구 시인 흉상

동엽 문학관에 들어서면 아직 사라지지 않은, 오히려 창궐하고 있는 껍데기, 쇠붙이, 불의와 협잡, 부정과 사술을 준열하게 꾸짖는 듯한 강렬한 눈매의 시인 흉상이 관람객들을 맞이한다.

아사달과 아사녀로 상징되는 순수한 우리 민족이 중립의 초례청 즉 어느 한쪽으로 치우치거나 기울지 않고 화합을 이루는 장소에서 맞절하는 정경을 노래한 시인의 꿈은 아직 이루어지지 않고 있다. 오히려 외세와 술수, 간계와 비리, 전횡 독선이 만드는 불협화음의 거대한 소음이 일상을 압박하는 가운데 '껍데기'들은 제 세상을 만난 듯 득의만만하다. 이런 가운데 청소년들은 이렇게 얘기할지도 모른다. "개그맨 신동엽씨가 시도 썼나요? 그런데 왜 껍데기를 싫어하지요? 돼지껍데기 구운 게 얼마나 맛있는데요…."

주세봉周世鵬 군수를 아십니까

교과서에서 배웠던 역사상 탐관오리의 대표인물로 고부군수 조병갑을 기억한다. 동학혁명을 촉발시켰던 그의 학정, 가렴주구는 조선말기 어지러운 시대상과 겹치면서 큰 오점을 찍게 된다. 조선시대 군수, 현감, 부사 같은 직책은 지금의 지방자치단체장의 위상이나 역할과는 다른 차원에서 자신의 철학과 의지에 따라 선한 목민관이 될 수도 있었고 두고두고 지탄을 받을 못된 관리로 남기도 한다.

주세붕(周世鵬, 1495~1554). 경남 함안 출신으로 문과에 급제하여 중앙의 직책을 맡다가 경북 풍기군수로 부임하면서 그의 역량은 빛을 발하게 된다. 우선 공공교육기관이 해낼 수 없는 다양하고 복합적 기능을 수행할 서원書院을 우리나라 최초로 설립하였다. 이 지역 출신 고려시대 유학자 안향의 위패를 모신 사묘를 건립, 백운동 서원을 세웠는데 후에 퇴계 이황이 명종임금에게 건의하여 소수서원紹修書院이라는 현판을 하사받는 최초의 사액서원이 되었다. 조선말엽 대원군의 서원철폐령으로 지금 대중의 인식에

소수서원 현판

는 서원의 부정적 측면만 크게 각인되지만 서원의 순기능은 후일 나타나는 여러 부작용을 상쇄할 만큼 긍정적이었다.

핵심 사명인 교육기능 이외에 이름 높은 학자를 모시는 사향, 도서관과 출판사 역할, 향약실천의 중심지로 지방민을 교화하고 여론을 집약하는 사회적 책무 등도 괄목할 만하였다. 특히 조선시대 관학인 성균관과 향교에서 출세 위주나 공리 주의 교육에 치우치는 동안 서원에서는 호연지기를 기르고 민족교육에 충실하면서 교육의 본질을 온전히 실천하였다.

주세붕은 이런 업적 이외에도 당시 산삼을 공납하느라 고통 받는 민폐를 덜어주기 위하여 인삼경작을 장려하여 지금까지 500년

간 풍기가 인삼의 고장으로서 명성을 유지하게 되었다. 지역에서 캐낸 구리 300근을 팔아 서적을 구입하는가 하면 주세붕 스스로도 뛰어난 문장가이자 학자, 여러 권의 저서를 발간한 청렴한 관리로서 지역 행정책임자가 갖춰야 할 미덕과 모범을 보여주었다.

올 지방선거를 앞두고 벌써부터 자천타천으로 온갖 인물들이 광역시장, 도지사, 시장, 군수, 구청장 그리고 광역-기초의회 의원의 꿈을 키우고 있다. 그분들에게 다산 정약용의 '목민심서'와 더불어 16세기 풍기군수 주세붕의 삶과 치적을 살펴보라고 권면한다. 백성의 눈높이에서 진정 그들이 원하는 것을 하나하나 살펴 해결해 나간 착한 목민관 주세붕을 이해한다면 우리사회 지방행정의 품격과 수준은 한 단계 높아질 것이라는 기대와 함께.

36개 × 20만부

문화관광부와 한국문화관광연구원은 문화예술인 수입관련 실태조사를 발표했다. 예술인 2000명 대상 설문 결과 66.5%가 관련분야에서 월 100만원의 수입도 올리지 못하고 있다는 것이다. 26.2%는 전혀 수입이 없다고 답하였다. 특히 문학 분야에서 가장 영세하였다. 문인들이 물질적 풍요로움 속에서 대접받았던 적이 세계 문화사를 통하여 거의 없었다지만 상황은 자못 심각하다. 하기야 1980년대 이후 100만부 넘게 팔린 시집이 여러 권 있었고 조정래 선생의『태백산맥』『한강』『아리랑』같은 대하소설 시리즈는 모두 합해 수천만 부의 경이적인 판매기록을 세우기도 했다. 특히 이런 열광적인 독서 붐의 서막을 연『태백산맥』은 유장한 호흡과 방대하고 깊은 서사, 감칠맛 나는 토속어로 메시지의 공감대를 더하였다. 게다가 이적표현 혐의로 고초를 겪다가 11년 만에 무죄판결을 받은 내력은 우리나라 예술사에 기록될 만하다.

문학작품은 아니지만 김난도 교수가 쓴『아프니까 청춘이다』라는 책은 약 800쇄 가량 찍었다고 한다. 책이 출간된 지 2년 넘었

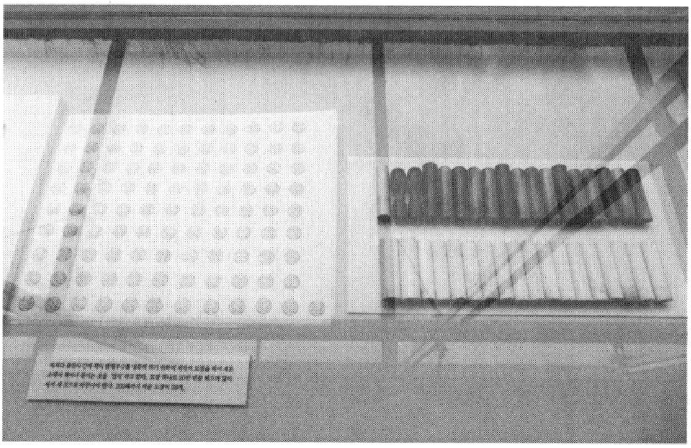

『태백산맥』에 붙이는 인지를 찍기 위해 사용한 조정래 작가의 도장이 전남 벌교 태백산맥 문학관에 전시되고 있다

으니 주말과 휴일을 포함하여 거의 매일 인쇄를 돌렸다는 계산이다. 통상 책 정가의 10%정도 지급하는 필자 인세를 셈해보면 이 책의 대중적 인기와 판매량의 규모를 짐작할 수 있다. 취업난과 여러 고통 앞에 힘겨워하는 젊은이들을 향한 일종의 힐링 텍스트여서 폭발적인 반응을 얻었을까. 오래전 발표한 정호승 시인의 작품 「외로우니까 사람이다」라는 제목이 금세 떠오른다. 아파하는 젊은이들이 이 책에서 위로받고 새로운 희망을 얻게 된다면 800쇄의 의미는 빛나겠다.

특히 소설의 경우 열 손가락으로 꼽을 수 있는 작가들의 작품은 일정 독자를 확보하여 꾸준한 호응을 얻고 있다. 10권짜리 『태백산맥』에 붙이는 인지를 찍기 위해 사용한 조정래 선생의 도장이 전남 벌교 태백산맥 문학관에 전시되고 있다. 글을 쓰는 사람들 입장에서 부럽기 그지없는 장면이다. 도장 한 개로 대략 20만 장의 인지를 찍을 수 있다는데 이 문학관에는 200쇄까지 바꾼 도장 36개가 전시되어 있다.

1000만 명 동원 영화 한편이 전국 모든 스크린을 석권하는 현상이 그리 바람직하지만은 않듯 1000만부 베스트셀러도 좋지만 보다 많은 책들이 3만부, 5만부, 10만부, 그 이상 팔리는 착실한 내실, 균형 있는 출판 수요공급이 우리 문화의 토대를 튼튼히 할 수 있을 것이다.

'러브 샷'의 원조는 신라 사람들?

경주 안압지가 있던 자리의 원래 이름은 동궁 월지東宮月池. 신라 멸망 후 고려, 조선시대에 이르는 동안 황폐해지면서 기러기나 오리들이 노니는 연못이 되었다고 해서 안압지로 불렀다는 것이 현장 안내인의 설명이다. 통일신라시대 세자가 거처하던 궁전, 거기에 딸린 연못과 놀이터의 자취에서 그 예전 번성했던 시절 신라 왕족, 귀족들의 호화스러웠던 유희문화의 일단을 엿볼 수 있다.

안압지에서 출토된 유물 중 하나가 14각면 형태의 주사위 놀이기구 주령구酒令具. 정사각형 면 6개와 육각형태의 면 8개로 만들어진 이 목재기구는 던졌을 때 각 면이 나오는 확률이 거의 비슷하다고 한다.

12간지干支 자子로부터 해亥에 이르기까지 4자성어 문구가 적힌 해당 벌칙을 부과하여 좌중을 즐겁게 했던 놀이로 추측한다. 총 57 글자 가운데 다수가 술과 관계된 내용으로 통일신라시대 귀족들의 음주문화 형태의 대체적인 모양새가 그려진다.

삼잔일거三盞一去– 한꺼번에 석 잔 마시기/ 자창자음自唱自飮–혼자 노래 부르고 혼자 마시기/ 음진대소飮盡大笑-받은 잔 다 마시고 크게 웃기/ 양잔즉방兩盞則放-연달아 두 잔 마시기

안압지 정문앞에 설치한 주령구 확대 모형

대체로 무난한 내용이다. 오늘 우리 사회 비뚤어진 음주행태, 극단을 치닫는 향락과 퇴폐의 현실을 감안한다면 이 문구상의 규칙만 볼 때 비교적 건전해 보인다. 두세 잔 마시고 소리를 지른다지만 크게 민폐를 끼치거나 좌중을 괴롭히려는 의도나 가능성은 크지 않다. 오히려 술에 취해 분위기를 깨는 상황을 방지하는 배려마저 엿보인다.

술과 연관된 마지막 한 조항이 눈길을 끈다. 현대적인 감각도 드러난다. 모양새나 분위기가 요즈음 술자리에서 흔히 행하는 이른바 '러브 샷'의 원조라고 할 수도 있겠다.

곡비즉진曲臂則盡- 팔뚝 끼고 단숨에 들이키기

동궁을 비롯한 상류계급의 놀이였다고는 하지만 주령구를 굴려 나온 벌칙을 함께 즐기며 놀던 통일신라시대 사람들의 여유와 풍류를 생각해본다.

자베르는 왜 죽음을 선택했나

할리우드 뮤지컬 영화 「레 미제라블」이 관객 500만을 넘겼다. 시대상황과 국민정서에 부합되는 측면도 있겠지만 고전명작 영화의 이런 호조는 드문 문화현상으로 분석될 만하다. 덩달아 그간 창고에 쌓여있던 원작소설도 벌써 15만질 넘게 팔렸다는데 영화에서 얻은 감동을 원작 텍스트 독서로 이어가는 것은 바람직한 일이지만 5~6권짜리 소설을 끝까지 완독할 독자는 얼마나 될까.

직관과 경험에 의거, 장 발장을 집요하게 쫓으며 전력을 캐는 자베르. 19세기 전반 격동기 프랑스 사회의 예각적인 빛과 그림자가 두 인물의 대립과 은원을 거치면서 실물감으로 다가온다. 자베르는 공권력과 법질서를 향한 신념, 죄인과 국가전복 세력에 대한 증오로 가득 찼지만 성실하고 엄격하면서도 자신의 과오를 솔직히 인정할 줄 아는 인물이다. 형법 자체가 그를 통해 의인화된 셈이다. 자베르는 마들렌 시장(장 발장의 변신)에게 자신을 면직시켜 주도록 청원한다. 무고한 마들렌 시장을 의심했던 잘못을 인정하였기 때문이다. 타인에게 엄격하였던 자신이, 스스로에게도 엄정

직관과 경험에 의거, 장 발장을 집요하게 쫓으며 전력을 캐는 자베르(영화 「레 미제라블」)

하지 않으면 그때까지의 행위를 모두 부정하는 결과를 초래한다는 생각이었다. 자베르는 한 번도 거짓말을 한 적이 없다.

경찰인 자신의 목숨을 구해준 도형수 장 발장 앞에서 갈등은 깊어졌다. 엄격, 완고, 결벽, 정직 같은 수식어가 합당한 '컴퓨터 인간' 자베르는 어떤 길을 택해야 할까. 장 발장에게서 목숨을 구한 자베르는 그 자신도 장 발장의 체포 기회를 포기하고 놓아준다. 경찰 신분으로 용의자를 방면한 것은 견딜 수 없는 일이었다. 공권력 집행이라는 절대적 권위와 임무를 포기했다는 자책감으로 괴로워한다. 선택은 두 가지. 장 발장을 다시 체포하거나 스스로 목숨을 끊는 일밖에 남지 않았던 것이다.

'법'의 성실이 '인간'의 성실에 패배하였다. 강직한 공권력의 화신 자베르는 결국 센 강에 투신자살함으로써 내면의 갈등을 마무리한다. 경찰의 의무를 저버린 자신을 스스로 단죄한 자베르의 비장한 최후는 장 발장의 희생, 선행과는 또 다른 느낌과 여운을 준다. 잘못된 온정과 정실, 적당주의, 패거리 의식 그리고 비뚤어진 관용과 자기합리화가 만연한 이즈음 자베르의 직무수행과 고뇌에서 공직자가 나아갈 곧고 올바른 길을 생각해 본다.

노벨문학상을 기다린다

얼어붙은 달그림자 물결 위에 자고
한겨울의 거센 파도 모으는 작은 섬
생각하라 저 등대를 지키는 사람의
거룩하고 아름다운 사랑의 마음을

― 고은, 「등대지기」 부분

이 노랫말을 지은이가 고은 시인임을 아는 사람은 그리 많지 않다. 군사독재 시절 저항시인으로 숱한 박해 속에서 고초를 겪었던 투사, 강성 이미지가 두드러졌던 반골문인으로 기억하지만 그의 시에서는 이렇듯 결이 곱고 섬세한 서정 또한 두드러진다. 1970년대 중반 문학청년이었던 필자는 서울 화곡동 고은 시인의 자택을 여러 번 찾아간 적이 있었다. 꽤 넓은 마당 한켠에는 마시고 난 빈 소주병이 그득 쌓여 있었고 가재도구가 별로 없어 썰렁했던 실내에서 형형했던 눈길과 쩌렁쩌렁했던 목소리가 지금도 생생하다. 늘 기관원의 밀착감시를 받으며 살아야하는 일상이 번거롭고 짜증도 났으련만 그 당시 고은 시인은 엄청난 음주와 원고 집필

속에서 암울한 시대를 견뎌냈는지도 모른다.

1960년 첫 시집 『피안감성』으로부터 최근에 이르기까지 모두 170권에 가까운 방대한 저서(편저, 번역 포함) (고은 시인 홈 페이지 www.koun.co.kr 참조)를 펴낸 열정과 유장한 호흡은 기념비적이다. 시집 76권, 시선집 4권, 소설 19권, 평론연구서 7권, 산문집 32권, 여행서 5권, 동시동화집 4권, 전기 3권, 자서전 5권, 번역서 4권, 편집 7권 등 거의 모든 장르에 걸친 저술활동은 수준의 편차를 논하기 전에 그 자체로 우리 문학사에 굵은 획을 긋는다. 특히 『만인보』 30권은 당초 의도나 목표했던 예술성에 완벽하게 도달하지는 못했다 하더라도 무수한 인물이 명멸하는 스케일 큰 서사구조만으로도 시인의 역량이 확인된다.

최근 몇 년간 가을만 되면 우리 사회는 노벨상앓이를 경험한다. 이제는 과학기술 분야에서도 수상자가 나올 법도 하련만 유독 문학상을 향한 기대는 각별하고 집요하다. 올해도 노벨문학상 발표가 있는 날 저녁 안성시 공도면 고은 시인 자택(지금은 수원으로 이사) 앞에는 수많은 기자들이 카메라를 설치하고 발표 즉시 인터뷰를 따기 위해 포진하고 있었다. 그리고 새벽 2~3시 시인의 방에 불이 꺼지고 나면 주섬주섬 장비를 챙겨 철수하는 모습이 재연되었다. 88올림픽 이후 부쩍 높아진 기대감 속에 수십 년을 보내온 노벨문학상 수상의 영광이 우리에게 언제 돌아올까.

괴팍한 천재 장-자크 루소, 탄생 300년

태어나서 어머니를 잃고 변덕스러운 아버지 슬하에서 자라다가 어느 아저씨에게 맡겨진 다음 목사 집에 위탁된다. 그 후 조각사의 견습공으로 들어갔으나 반항심이 강한 탓에 도망과 방랑을 계속하였다. 바랑스 부인이라는 귀부인의 보호 아래 종교와 문학, 음악 같은 문화예술 교육을 받으면서 비로소 지성과 감성의 성숙을 경험하게 되었다.

2012년 탄생 300년을 맞는 철학자, 교육학자, 문학가 아울러 뛰어난 식물학자였던 장-자크 루소(1712~1778)의 고단했던 삶의 전반부는 이렇게 요약된다. 평생 직업이나 안정된 거처 없이 떠돌이

생활을 거듭하며 만나는 사람마다 대부분 불화를 야기하고 도피, 추방, 방랑, 유죄판결 같은 피폐한 삶의 궤적 속에서 루소가 품었던 열망은 지금에 와서도 지속된다. 시대를 너무 앞서갔던 예언자라고 간단히 정의하기에는 루소의 삶과 정신은 대단히 복합적이고 선구적인 동시에 편견과 아집에 싸여 있었고 언행불일치는 극단으로 치달았던 것이다.

『에밀』이라는 작품에서 지금까지도 전범으로 꼽히는 이상적인 교육플랜을 제시하였지만 1745년 여인숙 종업원 테레즈 르봐쇠르를 만나 낳은 다섯 아이 모두 고아원으로 보냈던 아이러니는 두고두고 루소의 모순을 상징하는 굴레가 되어왔다.

18세기 유럽 지성의 화신이었던 볼테르는 루소의 사생활을 공격하는 풍자문 『시민들의 감정』을 출판하였다. 괴팍하고 독특한 개성, 타협과 소통에 서툴렀던 두 천재 루소와 볼테르의 뿌리 깊은 앙금은 그렇게 깊어만 갔다.

비록 자기 자식들의 양육에는 무책임했지만 루소가 제시한 교육의 모델은 지금에 이르러서도 교육이 나아갈 이상을 제시하기에 부족함이 없다. 학생과 선생은 1:1 단독으로 지속적이며 매혹적인 환경에서 실험 위주의 학습을 통하여 정신과 육체의 조화로운 성장을 기해야 한다는 원론은 현대교육이 지향할 과제로 여전히 남아있다. 교육여건이 점차 개선되고 교사 당 학생 수가 줄고 있는 이즈음 루소가 제시한 교육의 본질을 향하여 아주 조금씩 거리를 좁혀가고는 있다지만 여전히 머나먼 신기루로 보인다.

걸출한 작품과 탁월한 이론으로 선구자, 예언자가 된 한 인물에 얽힌 개인사, 사생활, 성격, 사회성에 대한 폄훼의 평가는 부당한 족쇄일까 아니면 인간에 내재한 모순된 이율배반의 발로에 불과할 것인가

99세 할머니, 시집을 내다

고령사회가 급속도로 진행 중이다. 나날이 늘어나는 평균수명, 기대수명에 비해 정부의 고령사회 관리대책은 여전히 허술해 보인다. 몇 년 뒤 노령인구가 얼마쯤 될 것이고 그럴 경우 어떤 정책과 사회적 안전망이 필요한지 금세 해답이 나올 텐데 마치 고령화 사회가 어제오늘 하루아침에 들이닥친 듯 황망해 하는 모양새가 딱하다.

노인들의 분수를 넘는 참여와 개입도 두드러졌다. 사회적으로 물의를 일으킨 지도층의 권력남용과 뇌물수수에도 80세를 목전에 둔 노년이 여럿이고 욕정과 충동을 이기지 못해 성범죄의 나락으로 빠져드는 70~80대 노령층의 급격한 증가는 예삿일이 아니다. 일본작가 후지와라 토모미가 『폭주노인!』이라는 책에서 우려한대로 전통적인 노인상과는 다른 이질적인 노인그룹이 사회에 시끄러운 파장을 몰고 온다.

이런 폭주노인 옆에는 여전히 온유한 미덕과 상식을 겸비하고 보다 적극적인 자기성취, 지혜의 공유를 추구하는 노인들 역시 증

우리말 번역판

일본 각지에서 시바타 도요 할머니 관련 전시회 같은 이벤트(사진은 코베 행사)가 계속되면서 노령사회의 도래를 실감케 한다

가하고 있다. 미국이나 유럽 각국 도시에서 발행되는 생활정보지에 실리는 박스기사에는 이성 친구를 찾는 70~80대의 신상프로필이 빼곡하게 들어차있다. 87세의 프랑스 어느 할머니는 자신의 신체적, 정서적 매력과 장점, 희망하는 보이 프렌드의 요건을 소상하게 피력하면서 함께 외출해서 식사하고 취미와 대화를 공유하는 남자친구를 찾는다는 간곡한 글을 올리고 있다. 요컨대 자신에게 허락된 최후 순간까지 삶을 향유하려는 욕망의 이해는 고령화 사회에서 가장 눈여겨봐야 할 사회적 의제가 될 것이다.

2010년 일본에서는 당시 99세 할머니가 처녀시집『약해지지 마』를 발간하여 100만부 넘게 팔리기도 했다. 장례비용으로 모아놓은 100만엔을 들여 찍은 시집이 뜨거운 호응을 얻자 출판사에서 정식으로 시집을 펴냈는데 일약 유명인사 반열에 올라 지금도 일본 각지에서 시바타 도요 할머니 관련 전시회 같은 이벤트(사진은 코베 행사)가 계속되면서 노령사회의 도래를 실감케 한다. 노령층의 원숙한 경륜과 지혜를 사회공동선을 위해 선순환구조로 수용하면서 계층 간 이질감 해소를 이루려면 시바타 도요 할머니가 쓴 다음 시구에서 그 대안이 나올 수도 있겠다.

> 나 말이지, 사람들이/ 친절하게 대해주면/ 마음속에 저금해두고 있어/외롭다고 느낄 때/ 그걸 꺼내서/ 힘을 내는 거야/ 당신도 지금부터/ 저금해봐/ 연금보다/ 나을 테니까

아해兒孩, 창문을 통하여 자연을 찍다

사진작가 '아해'가 프랑스의 작은 마을을 통째로 샀다는 소식이 보도되었다. 프랑스 중서부 지방 생 니콜라 쿠르베피 마을을 자신이 운영하는 아해프레스를 통하여 약 7억7천3백만원에 최종 낙찰받았다는 것이다. 13세기에 지은 성과 교회 등이 있는 유적지로 인구 유출과 재개발 시도가 무산되면서 거의 유령마을로 남아 있었는데 10만 평방미터 면적에 인구는 150여명 정도.

본명을 밝히지 않고 아해(兒孩, AHAE)로 활동하는 이 사진작가는 1941년 일본 교토 출생으로 광복 후 어린 시절 한국으로 돌아와 스무 살 무렵부터 예술 활동을 해왔다고 한다. 미국 캘리포니아 등지에 많은 농장을 운영하며 "사람이나 사람의 활동으로 인해 방해받지 않고 자연이 본래의 모습으로 보여지는 유기적인 삶을 추구한다."는 소신을 기업과 예술 활동으로 구체화 시키고 있다.

올 6월 17일부터 파리 한복판 튈르리 공원 상설 전시관에서 아해의 사진전이 열리고 있다. 당초 한 달 예정이었는데 반응이 뜨거워 연장 전시에 들어갔다. 노른자위 전시공간을 통째로 빌려 수

어린이를 뜻하는 아해(兒孩)라는 예명처럼 눈앞에 펼쳐지는 자연풍광을 단순하게 묘사하는 작품 수십 점이 다양한 크기로 전시되었다

많은 안내 및 보안요원을 배치하고 널찍한 작품 디스플레이, 무료 입장은 지금까지 파리에서 개최한 한국예술가들의 전시회 가운데 단연 초호화 고급 이벤트로 꼽힌다. 어린이를 뜻하는 아해라는 예명처럼 눈앞에 펼쳐지는 자연풍광을 단순하게 묘사하는 작품 수십 점이 다양한 크기로 전시되고 있다.

전시장 입구에 걸린 루브르 박물관장의 야심만만한 기획의도와 우정과 칭찬이 넘치는 인사말도 좀처럼 보기 드문 사례이다. 사진전에 걸린 작품은 일체의 기교를 배제하고 어린아이 눈에 비친 듯한 자연의 모습을 다양한 초점으로 포착해냈다. 동일한 나무와 숲을 봄 여름 가을 겨울 네 계절 같은 위치에서 찍어 나란히 배치한 작품도 그러하고 '내 창문을 통하여'라는 전시회 타이틀처럼 작가가 바라는 자연, 현실에 존재하지만 좀처럼 찾아내기 힘든 자연의 형상을 시원한 포맷으로 펼쳐 보인다.

많은 우리 작가들이 파리에서 전시회를 열고 나름의 평가와 찬사를 받고 있지만 물량과 규모, 격조 면에서 2012년 아해 사진전은 오래 기억될만하다. 교육을 잘 받은 듯한 안내원들이 유창하게 작품세계를 설명하고 있었는데 작가 아해의 모습은 끝내 보이지 않았다.

이민 2세 사르코지 전 대통령의 행로는

사진: 충청투데이

대통령직에서 물러난 지 꼭 49일 만에 압수수색을 당한 니콜라 사르코지 전 프랑스 대통령의 영욕은 여러 면에서 주목을 끈다. 프랑수아 미테랑, 자크 시락 등 좌파, 우파 출신 노회한 전임자들의 20년 넘은 집권에 염증을 느끼면서 새롭고 젊은 리더십을 갈망했던 프랑스 국민들은 5년 전 50대 초반의 사르코지를 대통령으로 뽑았다.

정치인들의 프라이버시에 비교적 관대한 편인 프랑스 사회의 용인 범위를 교묘하게 넘나들면서 톡톡 튀었던 그의 캐릭터와 사생활, 언행은 한동안 신선해 보이기까지 했다. 사르코지라는 이름이 주목을 끈 것은 2007 대선 몇 해 전 내무장관으로 재임하던 기간 발생한 파리 근교 난동사건이 계기가 되었다.

주로 아랍과 아프리카계 이민자 자녀들이 사회에 제대로 적응하지 못하면서 불특정 다수를 향한 불만과 증오를 폭력행위로 표출했을 때 사르코지는 '톨레랑스 제로' 즉 '관용은 없다'라는 기치를 내세우며 강경대응으로 일단 진압에 성공하면서 주목받기 시작했다.

헝가리 이민 2세 사르코지가 프랑스 공화국의 대통령으로 선출된 사례는 다문화 사회의 원조 프랑스에서는 별로 특별한 일이 아니다. 페루에서도 일본계 후지모리가 대통령이 된 적도 있고 점차 세계는 출신지역이나 혈연보다는 능력과 정치역량을 따지는 추세로 바뀌고 있다. 앞으로 가령 몽골 이민자 후손 또는 우즈베키스탄, 베트남 다문화 가정 자녀가 우리나라 대통령이 될 개연성을 배제할 수 없는 것도 이 때문이다.

줄곧 예상은 했지만 올랑드에게 패배한 뒤 사르코지의 거취는 묘한 구석이 있었다. 알쏭달쏭 상징적이고 우의가 담긴 발언은 주로 측근 브리스 오르트푀 유럽의회 의원을 통하여 노출되었다. 여론과 언론을 향해 가슴에 맺힌 말을 토로하는가 하면 다양한 계층의 사람들을 만나 뭔가 깊은 이야기를 나누는 모습도 포착되었다.

데스탱, 미테랑, 시락 등 전임대통령들이 크고 작은 뇌물 스캔들로 구설수에 오르거나 수사를 받아온 전례를 따르는 것일까. 이제 사르코지의 대선자금 수수의혹은 사법부의 판단으로 넘어갔다. 이주 필리핀 여성이 국회의원이 되고 다문화 출신자들이 기초의회 의원으로 뽑히는 이즈음, 이민 2세 전 프랑스 대통령의 행로는 다문화 사회가 급속히 진행 중인 우리로서도 관심 있게 지켜볼 만하다.

“그는 천천히 죽어간다”

“독재자들은 시인을 죽이려고 한다. 그러나 시는 죽지 않는다. 추방하고 감옥에 집어넣고 총알을 난사해도 여전히 살아남아 해맑은 얼굴로 웃음 짓는, 그것이 시다.”

칠레의 민중시인 파블로 네루다(1904~1973) 회고록의 한 대목이다. 우리나라의 경우도 그러했다. 1960~80년대 김지하, 고은, 박정만, 천상병 시인 등이 그런 고초를 겪었고 이들 시인들이 읊는 시구는 더 큰 울림으로 설득력과 공감을 넓혀갔다. 근래 우리 현대시가 일상의 틀, 좁은 내면 구도 속에 극히 개인적인 감수성을 표출하거나 삶의 자잘한 편린의 확대재생산에 몰입하는 듯한 경향은 그렇지 않아도 시에 관심을 보이지 않는 대중으로부터 더욱 멀어지지나 않을까.

날로 첨예해지는 사회 양극화 현상, 환경오염, 고령화 사회, 경기침체와 취업난 그리고 난마와 같이 얽힌 교육문제, 다문화와 사이버 시대의 빛과 그림자 같이 우리 앞에 산적한 과제를 개성있게 노래하며 삶의 위의를 일깨우는 시인들을 보고 싶다. 따뜻하게 위

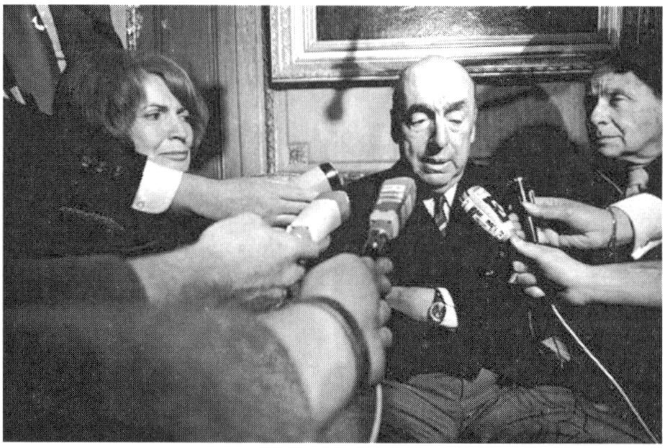

로하며 힘을 주는 시를 읽고 싶은 것이다.

네루다의 다음 시구는 그런 의미에서 수십 년의 세월을 건너와 지금 우리에게 경각심과 성찰을 준다.

그는 천천히 죽어간다.

여행하지 않는 사람, 책을 읽지 않는 사람, 음악을 듣지 않는 사람, 무엇인가를 찾으려 않는 사람, 자존심을 파괴하는 사람, 남을 도우려 않는 사람, 매일 같은 길을 반복하며 습관의 노예가 되는 사람, 결코 지향점을 옮기지 않는 사람, 옷 색깔을 바꾸는 모험을 않는 사람, 모르는 사람에게 말을 건네지 않는 사람, 열정을 회피하는 사람, 눈에 빛을 주고 상처받은 가슴을 보듬는 감동의 소용돌이를 피하는 사람, 일과 사랑에서 불행하다 여겨질 때 뱃머리를 돌리지 않는 사람, 꿈을 실현시키기 위해 모험을 감행하지 않는 사람 (…) 지금을 살아가시오! 모험을 감행하시오! 즉시 행동하시오! 천천히 죽어가도록 내버려 두지 마시오! 행복해지기를 스스로 포기하지 마시오!

플뢰르 펠르랭 장관께

프랑스 사회당 올랑드 정부 첫 내각의 중소기업·혁신·디지털경제 담당장관에 취임한 것을 축하합니다. 펠르랭이라는 프랑스 이름이 그래서 더 돋보이는군요. '김종숙'은 태어나 6개월 동안 한국에서의 이름일 따름이고 삼십여 년 간 플뢰르 즉 '꽃'이라는 아름다운 이름으로 살아온 만큼 이제 그 꽃이 화사하게 피어나는 순간입니다.

한국 매스컴에서는 한국계 프랑스인이 새로 집권한 사회당 내각의 장관으로 임명되었다고 호들갑을 떨었습니다. 그러다가 시간이 좀 지나면 언제 그랬냐는 듯 곧 관심권에서 멀어져간 행태를 반복할 것입니다. '한국계'라는 표현은 맞다고도 할 수 없고 그렇다고 틀린 용어도 아니겠지요. 낯선 유럽으로 입양되어 겪었을 온갖 어려움과 힘든 고비고비는 짐작하고도 남음이 있습니다.

광복 이후 외국으로 입양된 우리나라 어린이가 20만 명을 넘는다고 하는데 펠르랭 장관처럼 최고위직에 오른 경우는 극히 드물었습니다. 대부분 그냥저냥 평범한 일상을 영위하거나 그 중에는

올랑드 정부 첫 내각. 뒷줄 맨 왼쪽이 펠르랭 장관

자신의 정체성에 대한 심각한 갈등과 회의로 나락과 자멸로 얼룩진 삶을 사는 경우도 적지 않게 보고 있습니다.

더 주목하고 싶은 것은 입양고아가 삼십대에 장관이 되었다는 '인간승리'같은 미담이 아닙니다. 올랑드 정부 첫 내각에서 여성이 전체 장관의 꼭 절반을 차지했다는 사실에 눈길이 쏠립니다. 인구의 절반이 여성이므로 당연한 귀결이겠지만 전 세계 그 어느 나라에서도 이렇듯 양성평등을 구체적으로 실천한 사례가 희귀했기 때문입니다.

펠르랭 장관의 직함은 중소기업·혁신·디지털경제 담당장관이라고 보도되었습니다. '장관'과 '담당장관'의 구분이 어떠하고 그 역할과 권한에 어떤 차이가 있는지는 잘 모르겠지만 산업의 실핏줄인 '중소기업'과 전 세계의 당면과제 '혁신' 그리고 새로운 화두로 떠오른 디지털 개념을 경제에 접목시켜 한데 묶은 발상의 신선함이 펠르랭 장관 임명만큼 눈길을 끕니다.

이번 기회에 한국이 반세기 이상 지속된 최상위권 고아송출국이라는 부끄러운 이름을 벗어버렸으면 합니다. G20 의장국, 세계 10위권 경제대국 운운하면서도 우리가 버린 아이들을 미국으로 유럽으로 보내고 있는 참담한 현실이 사라지기를 염원합니다.

천재 시인 오장환, '병든 서울'을 노래하다

> … 병든 서울아, 나는 보았다./ 언제나 눈물없이 지날 수 없는 너의 거리마다/ 오늘은 더욱 짐승보다 더러운 심사에/ 눈깔에 불을 켜들고 날뛰는 장사치와/ 나다나는 사람에게/ 호기 있이 먼지를 씌워주는 무슨 본부, 무슨 본부./ 무슨 당, 무슨 당의 자동차…
>
> – 오장환, 「병든 서울」 부분

충북 보은 출신 시인 오장환(1918~1951)은 여느 월북작가처럼 1988년까지 우리 문학사에서 멀찌감치 비껴나 있었다. 발군의 재능과 활동으로 삶과 문학을 통하여 '천재시인'이라는 호칭이 자연스러운 오장환의 이름은 진보적 리얼리즘이라는 표현으로 각인된다. 식민지 현실을 예리한 통찰의 눈으로 짚어가며 모순과 부조리를 고발하고 민족의 각성을 촉구한 지사적 풍모에 뛰어난 언어감각이 빛난다. 제국주의 침략전쟁을 반대하고 전쟁의 참혹함을 고발한 점에서는 그다지 변별성이 없다. 인습을 비판하고 백성의 자각과 실존의식을 고취한 면에서도 다른 시인, 작가들의 노력과 유

오장환 시인과 충북 보은군 회인면 소재 오장환문학관

사하다. 봉건사회보다 더 가혹했던 식민지 치하 농촌현실을 고발하고 제국주의와 상업자본주의 아래 신음하는 민족의 아픔을 그려낸 점도 그렇다.

오장환 시인의 수월성은 특히 근대도시를 비판했다는 점에서 두드러진다. 일제 강점기 이후 어느새 자본주의에 순응해가며 여기에 유착하여 타락한 삶을 영위하는 부도덕한 상류계층, 지도층 인사들과 그 터전인 도시를 풍자, 비판한 예술가는 그리 많지 않았다.

병상에서 해방을 맞이한 오장환은 광복의 기쁨을 노래하면서도 아직도 정신을 못 차리는 부패한 무리들에게 비판의 목소리를 높인다. 어느 시기 어느 사회를 막론하고 체제에 빌붙어 호의호식하는 기회주의자들과 물신숭배의 그늘에서 부패해가는 도시는 나타나지만 오장환 시인이 그려낸 해방 직후 서울, 나아가 대도시의 모습은 바로 지금 우리 현실에 그대로 확대 재생산 되어 모습을 드러낸다.

암울한 현실에 비분강개하던 열혈기질 바로 옆에 다음 시처럼 더없이 해맑고 섬세한 서정시인 오장환이 서있었던 것이다.

> 울타리에 가려서/ 아침 햇볕 보이지 않네// 해바라기는/ 해를 보려고/ 키가 자란다
>
> ―「해바라기」 전부

엄마 앞에서 짝짜꿍… 작곡가 정순철 선생

> 엄마 앞에서 짝짜꿍 아빠 앞에서 짝짜꿍 엄마 한숨은 잠자고 아빠 주름살 펴져라….
> 빛나는 졸업장을 타신 언니께 꽃다발을 한 아름 선사합니다. 물려받은 책으로 공부를 하고 우리는 언니 뒤를 따르렵니다….

모든 사람들이 기억하는 국민동요의 한 구절이다. 어려웠던 시절 별다른 문화 미디어를 접하기 어려웠던 환경 속에서 어린이들은 동요를 부르며 꿈을 키웠다. 밋밋해 보이는 가사에 단조로운 멜로디였지만 이런 노래를 떠올리면 궁핍했지만 행복했던 시절의 추억이 생생히 되살아난다.

이런 동요도 기억이 난다. “새 나라의 어린이는 일찍 일어납니다. 잠꾸러기 없는 나라 우리나라 좋은 나라….” 수십 년 전 그 시절 아무 생각 없이 부르던 노래였건만 이 몇 구절은 시, 공간을 뛰어넘어 동심과 유년의 꽃밭으로 우리를 이끌어간다. 모름지기 국민적 공감대가 이루어진다. 대단히 친숙한 노래였음에도 우리는 이 동요에 곡을 붙인 작곡가는 거의 기억하지 못한다. 기억 못한

두 번째 동경유학 시절의 정순철.

사진 : 『정순철 평전』

다기보다 모르는 것이다.

정순철(1901~?). 충북 옥천군 청산면에서 태어나 두 차례의 일본 유학에서 음악을 배우고 소파 방정환 선생 등과 색동회 활동으로 일제 강점기 선구적인 어린이 운동의 기틀을 다진 정순철 선생의 예술혼과 업적은 6·25동란시 납북으로 희미해져갔다. 월북인사는 물론 납북당하여 고초를 겪고 생사마저 알길 없는 수많은 지식인, 문화예술인들을 한데 묶어 공백으로 남겨두었던 1988년까지의 경직된 우리 사회에서 정순철이라는 걸출한 음악가의 이름은 그렇게 퇴색되어 갔다.

다행히 몇 년 전부터 충북도, 옥천군 특히 정순철기념사업회를 중심으로 선생을 기리는 여러 활동이 적극적으로 전개되고 있다. 도종환 시인이 집필한 『정순철 평전』은 그런 노력의 결실인데 정순철 조명노력의 소중한 단초가 되기를 기대한다.

방정환, 김동환, 김기진, 윤석중, 정인섭, 한정동 선생 같은 당대 문인들의 주옥같은 노랫말도 정순철 작곡이라는 옷을 입지 않았더라면 오늘까지 이어져 사랑받지 못했을 것이다. 창작과 교직생활에 헌신하다가 50세에 납북된 이후 우리 현대 문화사에서 잊혀져간 정순철 선생. 지금도 졸업식장에서 졸업식 노래가 울려 퍼질 때마다 환하게 웃고 있을 선생의 모습이 어른거린다.

'문제녀' 조르주 상드의 선택은

분방하면서도 열정적으로 본능에 충실한 삶, 자연스러운 모성적 감성. 이 두 가지 삶의 태도는 양립하기 쉽지 않은 개념이다. 그럼에도 이 어려운 구도를 스스로 설정하고 욕망을 숨기지 않은 채 사랑하며 모성애를 펼치고 주옥같은 글을 썼던 조르주 상드(1804~1876)는 19세기 중반 프랑스 사회에서 좀처럼 쉽게 이해되지 않던 이른바 '문제녀'였다. 짐짓 근엄한 도덕적 잣대로 인간과 사회를 재단하던 그 시절 풍속과 검열기준으로 볼 때 줄곧 입방아에 오르내리던 여인이었다. 이로 인하여 상드의 문학성과 예술성 자체에도 적지 않은 왜곡 그리고 폄하가 뒤따랐다.

남존여비 유교전통이 지배해온 예전 우리 봉건사회 의식과는 또 다른 양상의 고정관념이 굳건했던 당시 프랑스 보수사회의 위선, 허위의식에 정면으로 도전하여 당돌한 승부수를 띄웠던 상드의 의문제기는 수 세기를 가로질러 이제 진지한 담론의 주제로 자리잡았다.

프랑스 혁명의 여파로 귀족의 특권과 신분제도가 철폐되면서 외

면상으로는 시민사회가 성립되었지만 갖가지 편견과 고정관념은 여전히 잠복하고 있었다. 특히 여성에게 일방적으로 부여된 불평등한 제약과 유, 무형의 차별에 항거하여 자신의 도발적인 삶과 애정행각으로 여성의 실존적 자각을 보여준 상드의 경우는 주목받는다.

상드의 애정행각은 본능의 표출이 어디까지 허용될 수 있으며 또 어떻게 통제되어야 하는가에 대하여 여러 생각을 들게 한다. 낭만파 시인 뮈세와의 이탈리아 도피여행, 베니스에서의 감미로운 시간, 뮈세의 발병, 뮈세를 치료하는 의사 파젤로와 난데없는 사랑에 빠진 상드. 황당한 배신감을 안고 파리로 돌아온 시인. 이런 와중에도 또다시 새로운 상대를 찾는 상드의 염문은 계속된다.

여성의 의사결정권과 본능, 감성표출이 놀라우리만큼 적극화된 이즈음 우리 사회에서 상드의 삶과 문학은 교훈과 반면교사라는 2중의 의미로 투영된다. 19세기 전반기 프랑스 사회가 그러했듯이 일견 관대해 보이는 시선 바로 옆에 아직 더없이 냉정하고 차별적인 여성 폄하의 눈길이 혼재하는 사회에서 여성의 위상은 과연 어떠한 것인지. 상드는 어떤 답을 제시할 수 있을까. 4만여 통에 이르는 상드의 서한문에서 우리는 참으로 자유롭고자 했으나 어찌하여 시대를 너무 앞질러 갈 수밖에 없었던 감성충만한 여성의 거침없는 목소리를 듣는다.

충무공 추모 왜 관심에서 멀어지나

우리의 국민영웅은 누구일까. 광범위한 존경을 받는 위인으로 어떤 분들이 꼽힐까. 계층과 사고방식의 편차를 떠나 충무공 이순신 장군이 그 가운데 으뜸이라는 점에는 이견이 없을 것이다. 애국애족 일념으로 국난을 극복한 많은 영웅 위인 중에 충무공이 구현한 애국애족, 민족자존정신은 시대를 초월하여 단연 귀감으로 남는다. 이즈음 다소 희석된 듯한 역사의식 속에서 충무공의 위업이 새삼 강조되고 조명 받아야 하는 까닭이 여기에 있다.

충무공 탄신을 기념하는 여러 행사와 축제에 관심이 소홀해진 현실은 그래서 매우 우려할 만하다. 행사의 격이 떨어지는 것은 물론 지원과 호응이 줄어들면서 그저 그런 연례행사의 하나로 전락하는 듯싶어 걱정이다. 탄신일에 거행하는 다례행사에 참석하는 정부요인의 격만 보더라도 1998년 이후 대통령 임석이 전혀 없었고 아산 성웅이순신축제 역시 홀대는 매한가지다.

대통령의 참석 여부가 행사의 질과 품격을 가늠하는 절대적 기준은 아니라 하더라도 충무공의 호국정신과 위업 현양에 앞장서

현충사 본전 (사진 : 문화재청 현충사 관리사무소)

야 할 정부당국의 무관심은 시정되어야 한다. 고故 박정희 대통령 이후로 역대 국가원수들의 무관심은 지속되었고 충무공에 대한 추모 열기는 점차 희석되어간다. 국민을 하나로 묶고 민족자긍심을 높이는 구심점으로 충무공만한 위인이 어디 있겠는가. 행사 주최 측과 충남도, 특히 중앙정부 관계부처에서는 분발 협력하여 충무공 현양사업에 보다 매진하기 바란다.

아울러 이순신축제 역시 근래 문화관광부가 선정하는 문화관광축제에 뽑히지 못하여 각종 혜택에서 제외되면서 일반의 관심에서 멀어지고 있다. 축제활성화와 인지도 확장, 프로그램 차별화 등에서 그다지 두각을 나타내지 못한 주최 측에 일차적인 책임이 있을 것이다. 높을 대로 높아진 국민의 문화감각과 축제에 대한 기대치에 비하여 오랜 행사진행에서 야기되는 이러저러한 타성과 새롭지 못한 프로그램 운영 등도 짚고 넘어가야 한다.

그렇다 하더라도 민족의 성웅을 추모하는 축제의 격조를 떨어뜨린 책임에서 우리 모두가 자유롭지는 못할 것이다. 민족영웅을 기리는 품격 높은 명품축제, 재미와 교양 그리고 정신교육이 함께 이루어지는 축제 하나쯤 가질 때도 되었다. 심기일전하여 전향적인 마인드와 감성, 축제소비자들의 욕구를 꿰뚫는 참신한 기획력으로 이순신축제를 멋지게 쇄신하기 바란다.

카사노바는 유식했다

자코모 지롤라모 카사노바 데 세인갈트(1725~1798)라는 긴 이름의 소유자. 이탈리아 베네치아 출신으로 프랑스에 와서 자크 카사노바라는 필명으로 프랑스어로 글을 쓰고 문학사에 이름을 올린다.

카사노바라는 이름을 들으면 곧장 엽색가 바람둥이 난봉꾼의 이미지를 떠올린다. 사회적으로 물의를 일으킨 부도덕한 여성편력의 소유자를 카사노바라는 이름으로 묶어 부른다. 카사노바는 희대의 호색한, 여성편력의 대명사일까. 그의 굴곡진 삶의 궤적을 훑어보면 이런 평가는 일단 타당성을 갖는다. 연애에 관하여 그는 상대 여성도 흔쾌히 동의하고 자신을 거부하지 않도록 배려한다고 천명하였는데 이런 강변이 그의 행각을 정당화, 합리화하기는 힘들 것이다.

이탈리아 파도바 대학에서 법학사 학위를 받은 그는 평생 직업도 가족도 없이 영원한 자유인으로 살고자 했다. 흔히 '회상록'으로 불리는 저서 '내 삶의 이야기'는 나이가 들고 정신적, 육체적으

영화 「카사노바」

로 쇠약해지면서 평생 탐닉했던 '놀이'마저 불가능해지자 젊은 날의 감각을 회상을 통하여 더 분명하게 경험, 확인하고 싶어서 저술했다고 한다.

문학은 물론, 역사와 철학, 자연과학, 의학, 점성술에 이르기까지 두루 정통했던 카사노바는 1760년 8월 초 당대 유럽최고의 지성 볼테르와 문학, 국가, 자유, 관용 같은 관념적 주제를 놓고 한 치의 양보도 없이 논쟁을 벌였다. 박학다식하고 화술에 능통한 모험가, 자유인 카사노바의 이름은 그럼에도 여전히 플레이보이로서의 측면이 더 부각되면서 그가 18세기 유럽사회를 풍미했던 자유인, 모험가로서의 내면 조명에는 소홀해왔다.

연애에 몰두하고 카드놀이에 빠지고 학문과 예술을 향유하다가 마침내 자기 자신마저 놀이의 대상으로 삼게 되었다. 프랑스어로 '놀다'라는 단어 jouer(주에)는 '연기하다, 내기하다'라는 뜻도 포함된다. 평생 놀고, 연기하고 내기를 걸며 삶의 향락과 감각을 극대화시킨 카사노바는 결국 18세기 유럽사회라는 특성화 된 시, 공간에 최대한 적응하면서 삶의 총체성을 구현한 인물상으로 꼽힐 만하다.

윤리적 차원에서 여전한 그의 삶의 족적에 대한 부정적 평가를 차치한다면 별다른 목적이나 확고한 철학도 없이 그냥저냥 어정쩡하게 소중한 일상을 소진하는 현대인들에게 카사노바의 치열했던 삶은 나름의 의미를 일깨워주고 있다.

하춘화 박사의 1970년대 대중가요 연구

예전 신문에 박사학위 취득자를 소개하던 적이 있었다. 대체로 1단 크기기사에 동그란 모양의 사진을 곁들여 프로필과 학위논문 제목 등을 실었는데 박사가 귀한 시절이어서 주목받았다. 그 후 기하급수적으로 증가한 박사학위 소지자는 숫적으로 과거 석사학위 취득자를 능가하게 되었고 그만큼 박사학위를 바라보는 세간의 인식도 바뀌었다.

박사학위 소지가가 각계각층으로 확산되면서 연예인 특히 가수분야에서도 박사가 여럿 탄생했다. '송학사', '망부석' 등을 부른 김태곤 씨가 음악과 건강을 주제로 보건학박사를 받고 대학에서 강의를 하고 있고 몇 년 전 '낙타'라는 곡으로 데뷔한 박민씨도 '경영학박사 1호 가수'라는 타이틀을 앞세워 활동하고 있다. 이 두 분의 박사학위는 주로 개인적 관심분야로 가수, 노래와는 연관성이 그리 크지 않지만 2006년 성균관대학교 동양철학과에서 철학박사를 취득한 하춘화 씨의 경우 자신이 직접 활동한 1970년대 대중가요를 연구주제로 선택했다는 점에서 주목할 만하다.

하춘화 씨는 1961년 6살 나이에 가요계에 데뷔, 최연소 독집앨범 발매, 최연소 음반회사 전속, 1500여 회 개인공연, 7년 연속 10대 가수상 수상, 2500여 곡 발표 같은 여러 기록으로 우리 대중가요사에 굵은 획을 긋고 있다.

자신의 연예생활 황금기였던 1970년대를 배경으로 '사회변동기의 대중가요와 대중정서의 상관성 연구'라는 주제로 당시 유행했던 가요 80곡을 중심으로 설문조사와 여러 이론을 원용하여 실증적인 연구를 수행하였다. 논문의 요지는 도시/시골정서, 만남/이별, 희망/추억, 기쁨/슬픔같이 대립되는 개념의 가요에 대한 대중선호도 분석에 중점을 두었다. 당시 대중은 도시선호, 만남지향, 추억회귀, 슬픔취향 같은 정서를 드러내 보였지만 이와 동시에 농촌, 이별, 희망 그리고 기쁨을 노래하는 가요 역시 선호한다고 결론짓고 있다.

1970년대 우리 가요는 산업화, 도시화 등 급격한 사회변동에 따른 대중의 이중적 정서를 여실히 담아내고 있다는 것이다. 문화활동을 통한 정서표출 기회가 적었던 1970년대, 대중가요의 영향력과 위상을 강조하면서 하춘화 박사는 대중가요가 현재는 문화지만 미래에는 문화재가 될 것이며 나아가 말로 표현할 수 없지만 가슴으로 느끼는 희로애락을 대변하는 철학의 반열에 오를 수 있을 것이라고 결론지었다.

지역 연예인에 관심가져야 할 이유

서울을 비롯한 수도권에서 생산, 유통되는 문화예술 콘텐츠에 대한 선호는 여전하다. 영화는 속성상 불가피하다 하더라도 미술, 음악, 공연, 출판같이 지역에서도 왕성한 창작활동이 이루어지는 경우에도 '메이드 인 서울'에 대한 선호가 강해서 지역생산 문화예술에 대한 관심은 상대적으로 비껴간다.

서울에서 온 공연에는 그런대로 관객이 들어차는데 지역예술인들이 마련한 프로그램의 흥행성은 떨어진다. 작품의 질적 수준에 따른 반응이라면 더욱 분발해야할 일이지만 그것이 지역문화예술에 대한 부정적 인식과 고정관념에 의한 것이어서 문화예술의 고른 발전을 위해 걸림돌이 된다. 자신이 뿌리 내리고 살고 있는 지역의 문화에 대한 평가절하, 무관심은 언제까지 계속되어야 하나.

이제는 다소 주춤해졌지만 지역축제 열기가 한창이던 몇 년 전 축제 개막식행사에 초청하여 노래 서너 곡을 부를 유명 대중가요 가수에게 약 천만 원 가량의 개런티가 거론되었다. 그것도 깎은 가격이라 했다. 방송사를 통해 섭외하면 액수가 좀 내려간다지만

지역에서 활동하고 있는 가수 지중해

상당한 액수였다. 함께 무대에 서는 향토가수는 몇 십만 원 출연료에 그쳐 이른바 인기의 편차를 실감한다. 가창 실력이나 호소력, 무대매너 등과 관계없이 대중적 인지도나 유명세에 따라 값이 매겨지는 자본주의 시장구조는 그렇다 하더라도 지역 가수가 무대에 등장했을 때의 관객의 썰렁한 반응은 민망했다. 왜 자기 고장 출신, 이웃의 등장에 냉랭할까.

가령 한국연예협회 대전지회에 가입한 연예인은 모두 400명 남짓, 이중 절반이 가수분과 회원이다. 노래강사를 포함하여 나름 활발하고 의욕적으로 노래를 부르고 각종 행사에서 뛰어난 재능을 과시하고 있지만 생계비에 턱없이 못 미치는 수입으로 의욕적인 활동에 일정부분 제약이 있는 것이 사실이다.

현직 교사, 자영업 그리고 성실한 직장인으로 일하는 틈틈이 연예활동에 나서고 있다. 실력 있는 향토연예인을 육성하는 길은 우선 지역에서 열리는 각급 기관단체 행사와 이벤트에 지역 가수, 연주인, 사회자를 많이 참여하도록 배려하는 데서 시작될 것이다. 반짝 허상과 꿈을 좇는 것이 연예세계라 하지만 이제는 생활 속에 뿌리내린 연예, 신토불이 감성에 바탕을 둔 건실한 지역밀착 연예활동이 더 큰 공감과 설득력을 얻을 때가 되지 않았을까.

터키 국민들에게 '아타튀르크'는 무엇인가

6.25 참전 16개국 가운데 터키는 미국, 영연방에 이어 세 번째로 많은 병력을 파견하였다. 그리고 700여명 터키군이 낯선 땅에서 싸우다 전사하였는데 전쟁이 터지고 UN 파병결의 직후 매우 신속하게 머나먼 신생독립국 내전에 기꺼이 뛰어 들었던 것이다. 60여년이 지난 지금에도 터키 국민들은 한국을 '코레'라 부르며 형제의 나라로 각별한 호의를 나타낸다. 당시 터키 역시 1차대전 패전국으로 오스만 제국 붕괴 후 힘든 투쟁의 시기를 거쳐 독립국으로 탄생한지 30년도 채 되지 않은 참이었다.

유럽연합 EU 가입을 바라는 터키의 열망과는 달리 영국, 프랑스, 독일 같은 EU 주도국에서는 터키 가입을 탐탁지 않게 여기며 여러 제약을 걸고 있다. 8,000만에 이르는 터키 인구도 부담스러울 뿐만 아니라 이슬람 문화권이라는 거부감도 한몫 거들 것이다. 그 옛날 찬란한 기독교 문화유산인 이스탄불 성 소피아 사원에 7cm 두께로 회칠을 하여 이슬람 사원으로 바꿔버린 무지한 행태에 대한 감성적 반발심도 적지 않다. 이즈음 경제위기로 발등에

터키 가정, 사무실, 거리, 상점, 식당, 차량 곳곳에 아타튀르크 사진과 터키국기가 나란히 걸려 있다

떨어진 불끄기에 급급한 유럽연합으로서 터키 가입여부는 한 걸음 비껴난 의제가 되었지만 터키로서는 호시탐탐 기회를 엿보는 중이다.

우리가 터키의 현재 그리고 미래를 눈여겨보는 이유는 인구와 국토면적, 깊고 넓은 문화전통 그리고 부존자원 같은 외형적 지표보다는 터키 국민들을 하나로 묶는 강력한 구심점의 존재에 주목하기 때문이다. 오스만 제국이 몰락한 뒤 자칫 유럽 열강의 식민지로 쪼개질 뻔한 터키의 독립을 위하여 헌신하고 초대 대통령으로 나라의 기반을 다진 무스타파 케말 아타튀르크라는 인물의 존재감은 사후 74년이 지난 지금에도 터키 국민들 가슴에 깊게 새겨져 있다. 세종대왕, 충무공, 안중근 의사를 향한 우리의 존경심과는 조금 다른 차원에서 그를 바라본다.

이스탄불 공항의 정식 명칭은 아타튀르크 공항, 즉 터키의 아버지(國父)라는 뜻으로 케말 파샤를 흠모하는 민족정서를 표상한다. 터키 가정, 사무실, 거리, 상점, 식당, 차량 곳곳에 아타튀르크 사진과 터키국기가 나란히 걸려 있다. 알파벳을 차용하여 고유한 터키문자를 만들었고 일찍 이혼한 뒤 평생을 독신으로 애국애족에 바친 무스타파 케말 아타튀르크의 삶과 족적은 국경과 인종을 넘어 진한 공감을 던진다. 저런 대통령, 민족의 영웅, 문화지도자를 가진 터키 국민들에 대한 부러움과 함께.

그리운 '고바우 영감'

〈대한민보〉에 실린 이도영의 목판 만화 '삽화'를 근대만화의 효시로 본다면 벌써 100여년의 역사를 헤아린다. 그러나 그동안 만화는 청소년 탈선의 주범, 비행 청소년이 즐기는 유해한 매체라는 고정관념으로 오래 수난을 받아왔다. 1960년대부터 확산된 만화 대여업소 '만화방'의 분위기와 주변 환경에 대한 부정적 인식 탓도 컸다.

좁고 열악한 공간과 조명 아래 만화를 탐독하는 모습은 불량청소년의 전형으로 비쳤을 만하지만 이때 인기를 끌었던 「라이파이」 「도전자」 같은 작품들은 청소년들의 꿈과 상상세계를 열어주며 답답한 현실로부터 벗어날 수 있었던 거의 유일한 통로였던 것이다. 김경언, 정파, 산호, 박기정, 엄희자 그리고 최경 같은 만화가들의 작품이 저질, 유해하다고 누가 말할 수 있을까. 칠성이와 깨막이, 라이파이, 케리와 베스로 기억되는 캐릭터들은 유머와 순발력 그리고 정의감을 갖춘 소망스러운 인간형 또는 의인화된 동물상을 그려냈다. 당시 만화방의 역기능 또한 부정할 수는 없지만 문화

고바우 영감. 세계 만화사에 기록될 장수 시사만화라는 영광을 누렸다

향유 기회가 거의 없었던 학생계층으로서는 저렴한 비용으로 나름의 즐거움을 누릴 수 있었다. 그 후 합동 출판사 독점과 정부사전 심의 강화 등으로 만화방의 기반이 무너지면서 만화에 대한 편견과 백안시는 한층 강화되었다.

이와 동시에 일간신문에 연재되던 네 칸짜리 시사만화는 가난하고 힘없는 서민의 애환을 대변하면서 국민캐릭터로 자리 잡아갔다. 광복 후 '코주부'를 그린 김용환 선생이 개척자라면 1951년 '고바우 영감'이 등장하면서 2000년 1만 4139회로 연재를 마감할 때까지 세계 만화사에 기록될 장수 시사만화라는 영광을 누렸다. 김성환 선생의 '고바우 영감'은 사회, 정치적으로 민감한 사안이 발생할 때마다 독재정권의 탄압과 회유 대상이 되었고 고바우 영감의 일거수일투족에서 대중들은 공감과 위안을 얻었다. 두꺼비, 왈순아지매, 까투리여사, 나대로선생 같은 만화주인공도 나름 주목받았으나 고바우 영감이 그려낸 해방 이후 반세기 우리 사회의 영욕은 문화사, 사회사적으로도 되새겨볼만 하다.

끝 간 데 없이 자극적이고 역동적인 동영상이 난무하는 가운데 4컷 짜리 신문 시사만화가 사라져 버린 이즈음 만화가 주는 그 여백의 상상력, 촌철살인의 풍자와 기개가 그리워진다.

문화 에너지

디자인이 이끄는 세상 2부

문화 에너지

디자인이 이끄는 세상

아직도 옥외간판을 무조건 크게, 울긋불긋한 원색으로 달아놓은 업소가 적지 않다. 국민들의 감각과 심미안, 의식이 나날이 세련되고 있는데 이런 무감각한 업주들이 많다는 사실이 놀랍다. 행정기관에서 간판 정화 시범거리를 지정하여 일정한 규격에 통일된 디자인으로 조성한 간판은 그나마 눈의 피로를 덜어주지만 이 역시 전국 곳곳이 비슷비슷한 모양새라 식상하기는 매일반이다.

북유럽 여러 나라가 높은 국민소득도 그렇지만 뛰어난 조형성과 색채, 공간감각 아래 디자인 강국으로 군림하면서 국민들의 행복지수가 높은 것은 어쩌면 당연한 일이겠다. 스칸디나비아 지역 시골 허름한 호텔, 로비 구조와 실내 색상 선별 그리고 소소한 가구에 이르기까지 디자인의 세련미는 볼수록 감탄을 자아낸다. 이제는 디자인이 강한 나라가 진정한 강국 반열에 오를 수 있을 만큼 디자인의 파급효과와 영향력, 상징성은 나날이 높아간다.

북한의 경직된 체제와 사회구조의 폐쇄성은 특히 북한 군인들의 투박한 제복과 차림새가 반증한다. 1950년대에 머물고 있는 듯

프랑스 전화카드 디자인

한 원통형 모자며 촌스러운 색상의 군복 디자인이 그렇다. 특히 장성들의 경우 둔탁한 군복 가슴과 배를 뒤덮은 훈장과 기장에서 한 사회의 퇴행성이 드러난다.

이제 디자인은 미술이나 조형 분야를 넘어 삶의 곳곳에 파급되어 보다 세련되고 감각적이면서 생활과 인간관계의 쾌적함을 도와주는 전천후 개념으로 바뀌었다. 조명 디자인, 소비 디자인, 시간 디자인 같은 표현이 자연스러운 시대에 우리는 살고 있다. 사진은 프랑스 공중전화 카드인데 우리나라보다 휴대전화 보급이 미흡하여 아직도 공중전화 사용이 그런대로 활발한 가운데 나름 메시지를 담고 시각적 즐거움을 주는 세련된 디자인이 돋보인다.

우리나라를 얼마나 알고 있는가

1980년대까지만 해도 대한민국의 국제적 인지도는 여전히 대체로 낮았다. 흔히 88올림픽을 계기로 한국의 위상과 지명도가 향상되었다고 하지만 올림픽에 대한 세계인들의 관심은 생각보다 큰 것이 아니어서 우리 국민들의 올림픽 열광과 몰입은 대단히 예외적이다. 유럽 여러 나라에서는 올림픽 경기에 열기가 훨씬 덜할 뿐더러 메달 획득에 국가차원의 명분과 자존심을 결부시키는 경우가 드물기 때문이다. 개인적으로 선호하는 스포츠 종목에 대한 관심이 주류를 이룬다. 그보다는 오히려 단일종목 스포츠 행사인 월드컵에 더 큰 흥미를 보이고 있다. 그러므로 88올림픽을 지나 2002한일 월드컵 경기를 통하여 대한민국이 새롭게 주목받고 관심국가로 떠올랐다고 보는 편이 타당할 것이다. 불과 몇 십 년 만에 다른 나라가 수백 년 간 이룩한 발전을 압축 성장으로 구체화한 대한민국에 대한 주목은 월드컵이라는 지구촌 이벤트를 계기로 가속화될 수 있었다.

그러나 나라이름, 위치, 세계 10위권 경제, 스포츠에서 이름을

프랑스 디종 시내 인도차이나-한국전 참전기념비

떨치는 몇몇의 이름 그리고 최근 한류 붐 등 우리나라에 대한 지식과 정보는 여전히 제한적이고 부정확한 대목이 많다. 사진에서 보는 조형물은 프랑스 중동부 거점도시 디종 시내에 조성된 참전용사 추모비인데 프랑스가 개입했던 인도차이나 전쟁과 한국전쟁에서 전사한 이 지역 출신 장병들의 이름이 하나하나 새겨져 있다. 이런 기념비는 프랑스의 경우 작은 도시, 농어촌에도 어김없이 조성되어 국가를 위해 몸 바친 용사들의 헌신을 기린다.

이 조형물에 부착된 왼쪽 인도차이나 형상은 그런대로 정확한 실물감을 주지만 오른쪽 우리나라 모습은 국토면적 대비나 형상의 사실적 측면에서 너무 옹색하고 축소, 왜곡되어 있다. 어디에서 얻은 자료로 우리나라 모습을 제작했는지는 모르겠으나 아직 제대로 알려지지 않은 우리의 위상의 한 단면을 보는 듯 착잡하다.

한지붕 28가족 유럽연합(EU)은 어디로

유럽연합(EU)이 당초 의욕과 기대와는 조금 다르게 꽤 긴 정체국면을 맞고 있다. 그간 몇 차례 회원국의 경제위기가 몰고 온 후폭풍도 만만치 않았고 유럽연합의 경쟁상대로 상정한 미국의 불황 역시 반사이익을 가져오기에는 직, 간접의 영향이 너무 컸다. 관망, 소강상태를 거치고 유럽연합이 어떤 행보를 보일지는 아직 미지수다. 좁은 땅덩어리에 역사와 문화, 언어 그리고 타산이 전혀 다른 28개 나라가 뭉쳤다고는 하지만 국력과 영향력의 엄청난 편차만큼이나 한 지붕 여러 가족의 삐걱거림은 예나 지금이나 여전하다.

독일과 프랑스는 유럽연합을 이끄는 쌍두마차로 협력과 경쟁의 각축을 벌이고 있다. 영국 역시 핵심국가지만 공용화폐인 유로화貨 사용을 거부하고 파운드화를 고집하는 등 적극 참여에서 한 발 비껴난 이상 두 나라의 주도권 다툼은 더욱 치열해질 전망이다.

세계 2차 대전 이후 오로지 경제부흥에 주력한 독일이 그 결과 오늘의 탄탄한 경제산업기반을 구축했다면 프랑스는 경제와 문화라는 두 마리 토끼를 잡으려 애써왔다. 경제지표에서 독일에 밀리지만 프랑스는 문화예술 층위에서는 여전히 큰소리친다. 프랑스와 독일의 경우를 보며 전환기 국가지도자의 결단과 비전 그리고 국민들의 공감대 조성의 중요함을 실감한다.

비근한 예로 독일이 자랑하는 자동차 벤츠, BMW, 아우디 그리고 폭스바겐 등이 모두 세계적인 명차 반열에 오른 반면 르노, 푸조, 시트로앵으로 대별되는 프랑스 자동차는 성능이나 인지도, 가격경쟁력 면에서 여전히 취약하다. 더구나 푸조자동차는 얼마 전 중국자본 도입 여부 문제로 논란을 겪었다. 자존심 상하는 일인지라 정부가 개입하고 나섰지만 문화시장마저 뉴욕을 중심으로 하는 미국의 거대자본 아래 무게중심이 옮겨가는 이즈음 프랑스 올랑드 정부의 대응책에 관심이 쏠린다.

'이야기'가 있는 이름을 붙여보자

우리나라 대부분 자치구 이름은 대체로 밋밋하다. 대전광역시의 경우를 예로 들면, 지리적 위치에서 따온 동, 중, 서구를 포함하여 유성, 대덕 등도 지명에서 연유한 것이어서 지역의 특색을 함축하고 깊은 인상을 주기에 미흡한 느낌이다. 정부수립 이후 행

정체계를 정비하고 도시 확장으로 구가 증설될 당시 별 생각 없이 급하게 붙인 이름이어서 지금과 같은 발상은 어려웠겠지만 각 지자체가 저마다 명품도시를 지향한다는 이즈음 촌스럽고 경직된 명칭의 아쉬움은 크다. 청주시의 경우 지금의 흥덕, 상당구라는 이름은 나름 운치가 있다. 흥덕사지興德寺址와 상당산성이라는 문화재에서 유래한 이들 이름은 동, 서, 남, 북, 중 같은 우리나라 대도시 대부분의 구區명칭의 경직성을 훌쩍 벗어난다.

이런 점에서 강원도 영월군이 관내 하동면, 서면을 김삿갓면, 한반도면으로 이름을 바꾼 일은 눈길을 끈다. 도시집중으로 점차 군세가 위축되는 이즈음 이런 명칭변경은 여러 면에서 긍정적 효과를 가져올 것이다. 이 지역과 연고 있는 김삿갓, 지형이 한반도를 닮은 곳이 있다는 점에서 한반도라는 이름으로 관광명소가 되고 낙후된 지역발전의 견인차가 되기를 기대한다.

대체적으로 특정 인명이나 역사적 사건, 지역의 유래나 문화적 유산 같은 스토리텔링 측면의 이름 붙이기에 인색한 우리 사회에서 김유정역, 북천(코스모스)역같이 철도역 이름을 바꾼 사례는 칭찬 받을 만하다. 유럽의 경우 거의 모든 도로와 광장, 공항과 철도역, 공간 이름이 유·무명 인물, 연대기, 일화 등에서 명명되는 사례는 문화인식과 소통의 선구자적 사례로 꼽힌다.

'스토리텔링'은 취업면접이나 광고카피에만 이용되는 개념이 아니다. 이제는 나만의 고유한 이야기, 경험, 생각과 창의력을 담은 '스토리'가 문화와 세상을 이끌어가는 힘이 되었다. 한남대에서 작년 준공한 56주년 기념관 1층 공연장 이름은 '서의필 홀'이다. 미국인 선교사로 오래 봉직한 존 서머빌 교수의 한국 이름 서의필은 그의 한국 사랑과 청빈한 삶, 해박한 동양학 식견 등을 되새겨볼 수 있는 많은 이야기를 제공하기 때문이다. 이제는 감성문화의 시대, 더 많은 스토리텔링의 물꼬를 터서 세상살이의 팍팍함, 소모적인 갈등이 줄어들기를 소망한다.

열리는 쿠바, 다가오는 쿠바

우리나라와 수교하지 않은 나라는 몇 되지 않는다고 한다. 북한을 비롯하여 시리아, 마케도니아 그리고 쿠바 등이다. 수교국의 경우 상주 공관은 없더라도 겸임 관할 등으로 5대양 6대주에 뻗어 있는 우리 외교의 저력을 실감한다. 쿠바는 그중 가장 수교 가능성이 높은 나라로 꼽힌다.

우리가 쿠바에 대하여 알고 있는 지식은 대체로 한정적이다. 미국 아래쪽 카리브 해 섬나라로 담배 잎사귀를 통째로 말아서 만든 시가 산업이 발달했고 낙후된 시설과 장비에도 불구하고 의료수준이 높다는 사실 그리고 피델 카스트로라는 최고 권력자의 오랜 집권, 그리고 쿠바 음악의 독특한 열정과 강렬한 여운 등이 그러하다. 1960년대 초 냉전 이데올로기가 첨예하던 시절 쿠바에 설치된 소련 미사일이 미국을 겨누어 일촉즉발 세계대전의 전운이 감돌며 쏠린 관심은 정치적으로 쿠바를 크게 부각시켰다. 이 사건을 소재로 한 알프레드 히치콕 감독의 영화 「토파즈」는 지금도 정치 스릴러 영화의 백미로 꼽힌다.

쿠바의 YB(윤도현 밴드)라고 불리는 '부에나 페'

머나먼 나라였던 쿠바의 문화예술을 직접 보고 즐길 수 있었던 '2013 쿠바문화예술축제'는 미수교 국가 간 문화이해를 통한 친선 강화라는 명분도 그러하고 '쌍방향 문화교류'라는 이즈음 공공외교 트렌드를 반영한 의미 있는 이벤트였다. 사진전, 칵테일 시음회, 문화홍보, 강연회와 간담회 등과 함께 열린 콘서트는 부에나 페, 아바나 꼼빠스 댄스, 아바나 엔셈블레 같은 쿠바 일급 공연예술 그룹이 참여하여 보기 드문 라틴 공연문화의 정수를 보여주었다.

특히 쿠바의 YB(윤도현 밴드)라고 불리는 '부에나 페'는 15년 전 쿠바 관타나모에서 결성된 국민밴드. 지금까지 8장의 음반을 출시하였고 세계 15개국 공연, 42,000명과 소통하는 페이스 북을 보유하여 사회주의 체제의 경직성을 풀어가는 문화첨병이 되었다. 특히 시사성 짙은 내용을 비유와 은유의 가사로 토해내면서 감미로우면서도 쓰디쓴 독설의 창법은 독특한 매력으로 다가온다.

변별력이 떨어지는 비슷비슷한 패턴으로 어느덧 식상함을 자아내는 한류 연예인들의 해외 진출에 참고할 만한 새로운 개념의 문화 패러다임으로 눈여겨볼 만했다.

역驛 이름 합리적으로

온양에서 KTX를 타기 위해 천안아산역으로 향했다. 천안아산(온양온천)으로 두 이름을 병용하여 그다지 멀지 않은 거리인줄 알았다. 밤늦은 시간이라 교통체증 없이 달렸는데 택시요금은 13000원이 나왔다. 역 이름을 함께 쓰는 지역 간의 택시요금으로는 대단히 많은 액수였다. 온양이 행정구역으로 아산시에 속해 있기 때문에 역 이름을 공유했다고 해도 너무 멀었다. 공식명칭은 천안아산역이지만 역 건물 정면에 붙어있는 간판은 천안아산(온양온천)이어서 이런 일이 생기는듯 했다.

KTX역이 속속 들어서면서 종전 일반 철도역과 구분 짓기 위해서 새로운 이름을 만들다 보니 혼동이 발생하는데 천안아산(온양온천)을 비롯하여 김천(구미), 신경주, 광주송정, 창원중앙, 여수엑스포같이 괄호 유무 또는 앞뒤 위치, 덧붙이는 표현에 따라 역의 위치를 가늠하기 수월치 않다. 내년 4월 개통 10년이 되는 KTX가 고객만족, 선진경영을 이루려면 현행 역 이름 전반에 걸친 합리적인 검토와 조정이 있어야겠다.

천안아산(온양온천)역

도시철도 역 이름의 경우 역명에 부가되는 명칭 대부분에 대학 이름이 쓰이고 있다. 서울 부산 대구 인천 광주 대전 등 전철이 운행되는 역 이름에 적지 않게 대학명칭이 사용되거나 괄호 속에 넣어 함께 쓰인다. 역 주변에 대학 말고는 중요한 랜드마크나 건물, 기관, 단체, 역사유적 등이 별로 없는지 전철 노선도에는 크고 작은 대학 이름이 넘쳐난다. 대학 홍보에 역 이름 선점만큼 효율적인 방안도 많지 않겠지만 역에서 실제 거리가 너무 먼 경우가 적지 않다. 이름이 전혀 알려지지 않은 소규모 대학까지도 제법 큰 역과 나란히 이름을 올리고 있다.

대학에 대한 관심과 열기가 드높은 나라인지라 대학 이름을 향한 애착은 자연스러울 수 있겠지만 물리적으로 상당히 멀리 떨어진 대학을 굳이 역 이름에 덧붙이는 시도는 그리 합당해 보이지 않는다. 도보로 10분 이내라면 몰라도 몇 km 떨어져 걸어가기에 힘든 위치에 있는데 굳이 대학이름을 덧붙여서 얻는 홍보효과는 무엇일까.

철도역이든 전철역이든 그 이름은 대중 인지도와 접근성 그리고 거기에 문화적 의미와 발음상의 편의성까지 고려해야 한다면 우리나라 경향각지 역 이름에 대한 전반적인 재검토, 여론수렴이 필요하겠다.

'대전부르스', 도시 문화브랜드로 제격이다

'안개 낀 장충단 공원, 마포종점, 돌아가는 삼각지, 영등포의 밤, 서울의 찬가, 이별의 인천항구, 서산 갯마을, 목포의 눈물, 목포는 항구다, 영암 아리랑, 화개장터, 여수 밤바다, 돌아와요 부산항에, 이별의 부산정거장, 소양강 처녀, 감수광…' 지명도의 편차는 있겠지만 이런 노래들의 특징은 크고 작은 도시를 배경으로 독특한 애환과 정서를 소박하게 담아낸 데 있다. 지역 이미지를 끌어 올리고 홍보에 유용한 콘텐츠로 활용할 만하다. 저비용 고효율의 문화 브랜드로 정착시킬 수 있는 좋은 소재가 된다.

1959년 발표된 「대전부르스」(최치수 작사, 김부해 작곡, 안정애 노래)는 조용필이 다시 부르면서 인지도를 높였다. 노래의 가사와 곡조는 자못 비탄조를 띠고 있으나 1950년대 어려웠던 시절 서민의 소박한 정서와 애절한 감성을 반영하는 노래로 여러 함의를 지니지만 문화 아이콘으로 자리잡기에는 아직 갈 길이 멀다. 다른 지역의 향토가요에 비하여 활용도나 전파력 측면에서 일정 한계를 보여온 것이 사실이다. 대전부르스 노래비가 대전역 광장에 조성되었

지만 위치를 옮기면서 비석 뒷면 노랫말을 보기가 어렵게 되었고 주변에 노숙자들이 모여들어 향토가요로서의 위상이 어정쩡하게 되었다.

필자가 대표를 맡고 있는 대전인문공동체에서는 2013년에 대전시와 대전문화재단의 지원으로 '대전부르스 콘서트'를 원도심 활성화 프로젝트의 일환으로 6월 초, 8월 말, 9월 초 세 차례 공연을 가졌다.

이 콘서트에서는 실력 있는 지역가수들이 각기 다양한 창법과 해석으로 대전부르스를 부르고 대전부르스를 하모니카와 색소폰으로 연주한다. 그리고 이 노래에 얽힌 토크 쇼와 다함께 대전부르스 노래 부르기 등 대전부르스를 무형의 지역 문화상품으로 인식하여 보급하는 프로그램이 진행된다. 활용여하에 따라 대중적인 도시 브랜드를 형성하면서 시민 동질감 조성이라는 어려운 과제에 일조할 수 있을 전망이다.

대전부르스는 흔히 비탄조의 엘레지 풍 가요로 널리 알려졌지만 이제는 그러한 특성까지도 여유 있게 즐길 수 있는 문화상품으로의 인식전환이 필요하다. 대전이 갖는 지리적 이점과 진취적 개방성, 다양한 주민 구성, 아직 완전하게 정립되지 못한 도시 브랜드 등을 감안할 때 이런 향토가요 보급과 공연은 매우 유용한 콘텐츠가 되어 도시 일체감을 높이고 감성문화를 일구어 가는 계기로 삼을 만하다.

왜 노트르담 성당을 선택하였을까

파리 노트르담 성당 제대 앞에서 78세의 프랑스 극우파 인사가 자살하였다. 왜 노트르담 성당을 자살 장소로 선택했을까. 13세기에 건축되어 지금까지 800년 가까이 프랑스를 대표하는 문화유산으로 자리 잡아온 상징성이 두드러지는 까닭이 클 것이다. 자살 당시 약 1500명의 관광객과 신자들이 있었다니 그리 넓지 않은 성당 안에서 충격과 혼란은 미루어 짐작할 만하다. 성당의 유명세에 힘입어 자신의 주장과 행동이 널리 확산될 것이라고 계산한 듯하다.

극우파로부터 공산당에 이르기까지 프랑스 정치성향의 스펙트럼은 대단히 넓다. 프랑수아 올랑드 대통령의 집권 사회당 정부가 며칠 전 통과시킨 동성결혼법과 북아프리카 이민자들에 대한 혐오가 자살의 이유라는데 이런 끔찍한 의사표현 방법은 이내 군국주의와 천황제 부활을 주장하며 1970년 할복자살한 일본 작가 미시마 유키오를 떠올리게 한다.

프랑스 정부는 몇 년 전 동성커플을 포함하여 정식 결혼하지 않

파리 노트르담 성당

은 동거남녀 보호를 주요내용으로 하는 팍스(PACS)법안을 발효하였는데 이 극우인사는 동성결혼 반대와 함께 사회보장 혜택을 누리는 알제리, 모로코 등 북아프리카인 배척운동에 앞장서 왔다고 한다.

다문화사회의 원조 프랑스는 경기침체와 높은 실업률로 인하여 외국인 노동자들에 대한 반감이 크게 증가하였다. 실제로 프랑스인들이 대부분 기피하는 3D직종을 북아프리카나 아랍, 아시아 출신들이 도맡아 하건만 그들이 누리는 혜택에 대한 거부감과 특히 이민 2~3세들이 조성하는 사회불안을 우려하여 프랑스의 다문화정책은 위기에 처해있다. 프랑스로 이민 온 외국인들은 노동자뿐만 아니라 세계 여러 나라의 부호, 중산층, 지식인, 전문기술자 등 다양하지만 경제상황이 어려워지자 자신들과 동등한 사회복지 혜택을 누리는 영세 외국인 이민자에 대한 시각이 바뀐 것이다.

중국·동남아 출신 결혼이주 여성과 외국인 노동자가 다문화 구성원의 절대다수를 차지하는 우리 사회 역시 프랑스의 이런 갈등과 고민을 남의 일로 바라볼 수 없게 되었다. 게다가 최근 불거지는 동성애자들의 적극적인 권리주장 등 유사한 여러 사회징후는 실로 공교롭다. 프랑스의 문화·사회적 대표 상징물인 노트르담 성당에서 자살한 이 극우 인사의 돌출행동을 극단적인 자기함몰에 빠진 노인의 편집광적 증세로만 보아 넘길 수 없는 이유가 여기에 있는 것이다.

'마을축제'가 대안

최근 지역축제에 가보셨는지요. 1990년 초부터 봇물을 이루며 열리던 축제에 대한 무용론, 자성론이 고개를 들면서 한동안 주춤한가 했더니 여전히 주로 봄 가을 특정기간에 집중하여 앞 다투어 열리는군요. 국가 차원의 대규모 행사로부터 동네 마을 단위 잔치에 이르기까지 정확한 수조차 헤아릴 수 없을 정돕니다. 지역홍보와 경제활성화라는 두 마리 토끼를 좇기 위해 나름대로 여건과 강점을 살려 지명도 향상과 수익 창출에 열정을 쏟고 있습니다. 열성은 좋은데 그 열의가 특색 없이 그만그만한 수준에서 벗어나기 어렵고 그로 인한 피로도는 어느덧 임계점에 이른 듯합니다.

지역축제가 봉착한 한계는 몇 가지 근본원인에서 비롯될 겁니다. 무엇보다 주최측이 먼저 즐겁고 신바람 나는 가운데 축제행사를 마련해야겠지만 지자체 담당 공무원들과 관계자들은 대체로 업무의 연속 즉 '공무집행' 차원에서 진행하기 때문에 준비하는 사람 스스로 재미가 없는 행사가 관람객들에게 어떻게 감동과 흥미를 줄 수 있을까요. 미술계에 비엔날레, 트리엔날레가 있듯이

충남 공주시 신풍면 선학리 '참두릅 축제'

2~3년마다 개최할 수도 있고 흥미로운 축제 콘텐츠 개발이 어려우면 인접한 시, 군, 구區끼리 연계할 수도 있을 텐데 배타적 지역 이기주의의 벽은 여전히 높습니다.

대안의 하나로 '마을축제' 개발, 활성화를 꼽아봅니다. 5월 초 열린 충남 공주시 신풍면 선학리 '참두릅 축제'는 그런 면에서 소규모 특성화 마을축제로 꼽을 만합니다. 이 마을 특산물인 참두릅 홍보와 전통 연희이벤트인 지게놀이를 접목하여 100명도 채 되지 않는 마을주민들의 자발적인 축제조직, 운영은 인상적이었지요. 지게놀이 시연, 남녀별 kg별 지게지기 시합, 특산물 판매 등과 함께 모든 내방객에게 점심을 대접하는 환대는 깊은 정성을 보여주었습니다. 두릅을 포함한 갖가지 나물과 돼지고기 수육, 막걸리, 시래기 된장국을 곁들인 점심식탁은 축제가 본질적으로 '잔치'라는 개념을 구체적으로 확인시켜 주었습니다.

마을축제가 대안이기는 하지만 단순한 '농촌체험'만으로는 부족하겠지요. 거기에 '문화'를 접목시켜야 생명력을 얻습니다. 이장, 부녀회장, 청년회장 등 농어촌 활동가들이 직접 축제 기획자가 되어 소박하지만 차별성 있는 소규모 농어촌 마을축제가 펼쳐진다면 지금 우리 사회가 당면한 여러 문제는 일정부분 해소될 것을 그래서 기대하는 것입니다.

'나 홀로 가구' 전국 최고 도시

햇볕이 잠시 몸을 숨긴다/ 휴식으로 넘어가는 정오는 늘 여유롭다/ 식당 유리창 언저리에 그늘 만드는/ 뜨거운 국물 뽀얀 반점/ 외롭고 넉넉하며/ 초라하고 호사스런/ 반찬 그릇 밥사발/ 내 품안/ 가장 비싼 한 끼의 영양으로/ 이어질 수 있을까/ 가슴 저린 일상점묘

– 졸시 「혼자 먹는 점심」 전부

어쩌다 혼자 점심식사를 하게 되어 식당에 앉아 떠오르는 느낌을 적어본 작품인데 지금부터 8년 전이니 그 사이 세상은 엄청나게 변했다. 이제 우리 사회에서는 혼자 음식을 먹을 때의 적요와 처연함은 사라지고 이른바 나 홀로 가구 구성원들의 단독 식사는 자연스러운 정경이 되었다. 최근 보도에 의하면 우리나라에는 약 415만 단독가구가 있다는데 이 통계는 10년 전에 비하여 86.2% 증가하였다.

이런저런 사연으로 혼자 가구를 형성하여 살고 있는 국민 숫자가 엄청나게 늘어남에 따라 사회구조나 생활 스타일 역시 크게 바뀌어 간다. 출근과 퇴근길에 스마트폰 같은 모바일기기로 장으로

사진 : 정재훈

보는 출장족, 퇴장족이라는 신조어도 생겼다. 혼자 식사할 수 있도록 칸막이가 있는 식당, 1인용 식품과 가전제품 등은 낯설지 않다.

독신가족의 증가 이유는 다양하다. 심화되는 개인주의, 가부장적 가족주의에 대한 반발, 교육수준 향상, 여성의 경제적 자립과 각성, 일의 즐거움 추구, 직업과 가정생활 병행의 어려움, 자유분방한 삶 선호, 결혼에 대한 부담감, 적령기 남녀의 성비 불균형, 이혼 증가, 수명의 연장 등을 끝이 없다. 그 중 경제적 이유가 나홀로 가구 증가에 큰 영향을 미치는데 이즈음 여성 경제능력이 확대되어 결혼의 필요성은 줄어들고 있고 평생직업 추구와 함께 '화려한 싱글'을 선호하는 까닭도 크다.

이런 급박한 사회구조 변화가 가져올 여러 영향에 대한 예측과 대비는 그러나 여전히 미흡하다. 부부에 아이 하나를 둔 3인 가구만 해도 전통적인 가족기능을 그런대로 유지하지만 1인 가구는 완전히 다르다. 기나긴 역사를 통하여 사회발전의 원동력이 되어왔던 전통적인 '가족'의 기능을 개인, 나아가 사회와 국가가 어떻게 대체할지 모두의 과제이자 부담이 되었다. 2010년 기준 1인 가구가 13만 4900가구(전체 가구 대비 36.7%)로 전국에서 가장 많다는 대전으로서는 더더욱 발등에 떨어진 불이 된 셈이다.

"무량수전 배흘림기둥에 기대 서서…"

해외여행이라고는 생각도 하기 어려웠던 시절 1960년대. 김찬삼 교수가 펴낸 세계일주 여행기는 꿈과 같은 새로운 세상을 펼쳐 보였다. 비록 사진 한 장 곁들이지 않고 빽빽하게 활자로 채워진 조악한 책이었을망정 특히 청소년 독자들은 기행문 행간에서 상상과 감성의 나래를 펼치며 미지의 시계를 향한 동경을 키워갔던 것이다. 이어 김찬삼 교수는 사진을 추가한 여행기를 속속 출간했지만 처음 나온 책을 읽었을 때의 감동과 흥분을 다시 경험하기는 그리 쉽지 않았다.

큼지막한 원색 사진을 중심으로 편집된 삼성출판사 발행 『세계의 여행』이 나오면서 외국여행담은 비주얼 시대로 접어들었다. 1989년 해외여행 자유화 이후 여행안내서, 관광가이드 서적, 외국여행기 책자가 봇물처럼 쏟아져 나왔다. 그중에는 오랜 기간 해외에 체류하면서 정확하고 깊이 있는 담론을 펼치는 경우도 있고 불과 한두 달 수박 겉핥기 여행을 통해 얻은 피상적 지식과 편향된 감상을 나열한 책자 역시 적지 않다. TV를 비롯한 영상매체 역

영주 부석사 무량수전

시 해외 곳곳의 풍광을 비추며 예전에 상상과 추측, 동경으로 그려보았던 지구촌 여러 나라의 실물감을 적나라하게 전해준다.

그리하여 가보지 않아도 이미 우리들은 지구촌 곳곳의 풍물과 습속, 사소한 이국적 삶의 흔적까지도 낱낱이 보고 들을 수 있게 되었다. 김찬삼 교수의 다소 무미건조하고 사실적 묘사에 치우쳤던 외국 기행담이 이제는 개인적 감상과 주관 나아가 편견과 고정관념까지 실리면서 오히려 올바르고 균형 있는 판단과 정보습득을 저해하고 있는 형국이다.

이럴 때 유익한 여행견문을 담은 무게 있는 인문교양서가 더욱 필요하다. 모두들 장님 코끼리 만지듯이 느끼고 판단한 감상문을 화려한 제목과 편집으로 포장해 내는 이즈음 정확한 사실과 정보를 바탕으로 공감할 수 있는 인문학 식견을 유장한 호흡으로 들려주는 기행서적을 찾기 어렵기 때문이다.

유홍준 교수가 오래전 펴낸『나의 문화유산답사기』는 그런 의미에서 하나의 전범이 된다. 발품을 팔아가며 찍은 사진과 함께 우리 강산 곳곳의 아름다움과 깊이, 거기에 스민 민족문화의 자존과 잠재력을 설파한 이 답사기는『무량수전 배흘림기둥에 기대서서』라는 최순우 선생의 저서와 함께 스테디셀러의 반열에 오래 올라 있다. 이제 더 젊은 시각으로 사려 깊은 내공을 쌓은 필자가 속속 나타나 새로운 스펙트럼의 여행기로 기행문화의 수준을 높여주었으면 한다.

노래방·찜질방의 사회학

도입 20년이 넘은 노래방과 1998년 무렵 첫 선을 보인 찜질방은 그간 우리 사회에 명멸했던 갖가지 'ㅇㅇ방' 가운데 비교적 긴 세월 핵심적 위상을 지켜온 공간이 되었다. 전 국민의 가수화에 크게 기여한 노래방의 경우 긍정, 부정적 측면 모두 사회학적으로 분석해볼 만한 주제가 된다. 특히 지금은 조금 주춤하지만 여전히 선호되는 찜질방은 생활문화 차원에서 중요한 문화코드로 자리 잡았다. 우리나라 다중이용 공간 가운데 짬질방과 노래방만큼 오랜 명맥을 유지하며 확산을 이룬 경우도 그리 많지 않다.

찜질방의 긍정적 효과로는 우선 깨끗이 씻고 닦는 위생관념의 확산과 적은 돈으로 이용할 수 있는 서민건강과 휴식증대 차원에서 일정부분 공로가 인정된다. 반면에 종전 숙박업, 목욕업이 차지하던 영역을 파고들면서 이들 업종에 타격을 가하게 되었다. 특히 지금과 같은 에너지 위기에 즈음해서는 24시간 영업에 관련하여 이런저런 비판의 소리도 나온다. 거기에 각종 안전사고, 취약한 보안장치로 인한 도난사고와 끊이지 않는 성추행과 범행용의

자의 잠입운둔 등 우리 사회의 어두운 면을 집약해 보이는 크고 작은 문제는 찜질방 문화의 건전한 정착을 위하여 해결할 과제로 남아있다.

'ㅇㅇ방'의 터줏대감인 노래방은 전국적으로 수십만 개 업소가 영업 중이라고 한다. 노래방의 원조 격인 일본의 '가라오케'는 많은 경우 '스나꾸snack'라는 업소에 설치되어 넓게 트인 공간에서 손님 모두가 보는 가운데 노래 부르는 스타일로 우리나라의 개별 룸 시설과 대비된다. 20여년 역사를 통하여 첨단 노래방 기자재 개발과 수출은 물론 가요저작권이 어느 정도 확보되었다지만 노래방 음원목록에 등재되려는 로비나 단속과정의 마찰 등이 사회문제로 비화된다. 건전한 여가문화 향유와 정서함양이라는 노래방의 사전적 취지에 어긋나는 부작용 해결은 노래방 도입 20년에 즈음하여 새로운 과제로 남아있다. 'ㅇㅇ방'을 선호하는 국민감정이 낳은 이런 풍속도는 이제 새로운 소비계층으로 등장한 젊은 세대의 기호에 맞추어 변화의 길목에 다다랐다.

'ㅇㅇ방'이 적은 비용으로 즐기는 대중 휴식공간으로서의 선기능은 인정할 만하다. 이와 함께 장시간 휴식과 부수되는 낭비요소로 인한 근로복귀 의욕저하, 특히 노래방의 경우 퇴행적 향락문화 확산이라는 부작용도 만만치 않다. 즐겁게 놀고, 깨끗하게 몸을 닦는 문화민족으로 향하는 길은 아직 멀었을까.

농다리(籠橋)는 롱 다리

농다리(籠橋). 충북 진천군 문백면 구곡리에 있는 농다리는 1976년 지방유형문화재 28호로 지정되었는데 우리나라에서 가장 오래되었고 길이가 긴 돌다리로 알려져 있다. 고려시대에 축조된 이 다리의 구조와 형상에서 우리 선조들의 지혜와 과학적 건축 감각 그리고 자연의 이치를 거스르지 않으려는 겸손함을 엿본다.

지방자치시대에 접어들어 모든 지자체에서는 제각기 관광진흥에 심혈을 기울이고 있다. 지자체 홈페이지에서도 문화관광분야는 따로 공간을 만들어 세세하고 친절하게 정보를 제공하고 있는데 교통편, 볼거리, 숙박과 음식, 특산물, 축제안내에 이르기까지 그렇게 자상할 수 없다. 인터넷으로 신청하면 인쇄된 관광책자를 이틀 안에 집으로 우송도 해준다. 바야흐로 전국 230여개 지자체 모두 관광이 가져오는 지역홍보 효과와 경제수익 창출에 올 인하는 이즈음이다.

그런 면에서 농다리는 저평가 우량주라고 할 수 있겠다. 사력암질沙礫巖質의 돌을 물고기 비늘처럼 안으로 차곡차곡 들여 쌓아 교각을 만들고 크기가 다른 돌들을 적절히 배합하여 서로 맞물리게 그 위에 쌓았다. 위로 올라갈수록 폭이 좁아져 빠른 물의 속도를 견디도록 만들었는데 고려시대에 이미 고도의 물리학 원리가 정립된 듯 찬탄을 자아낸다. 아쉽게도 28칸의 교각 가운데 일부가 유실되어 25칸만 남았으나 2008년 원형복원 사업 완료로 옛 모습이 되살아났다.

구조적으로 징검다리와 형교의 중간 형태로 물의 양이 늘어나면 잠수교가 되어 다리의 유실을 자체적으로 방지한다는데 교각

의 양쪽을 유선형으로 만들어 흐르는 물의 압력에 저항할 수 있어서 보면 볼수록 정교한 축조원리와 시공기술에 놀란다. 게다가 석회를 바르지 않고 자연석을 그대로 쌓아 올렸어도 견고함은 변함이 없다.

다리를 놓았다고 전해지는 임 장군과 임씨네 오누이에 얽힌 여러 구전 이야기 등은 매년 개최되는 농다리 축제는 물론 농다리를 문화상품으로 적극 활용할만한 스토리텔링 자원이 된다. 다리 모형은 물론 팬시제품을 비롯한 다양한 파생 문화상품과 애니메이션 등으로 부가가치를 높일 수 있어서 교육, 관광, 과학차원에서 원소스멀티유스(OSMU)가 가능할 것이다. 외견상 평범해 보이는 다리 하나가 지역을 알리고 오래 효자노릇을 할 롱다리가 될 만큼 지금 우리는 문화콘텐츠, 감성문화시대에 살고 있는 것이다.

공립 미술관 운영 어떻게 해야 하나

대전 시립 이응노미술관에서 준공 이래 줄곧 빗물이 새고 있다는 소식은 충격적이다. 본지에서 여러 차례 보도한 바와 같이 2008년 봄 개관한 뒤 지금까지 끊임없이 누수현상이 계속되어 내부 변색이 심각해지는 가운데 양동이로 빗물을 받아내는 볼썽사나운 모습이 첨단문화공간에서 연출되고 있는 것이다.

이응노미술관은 그간 잦은 관장 교체와 공석, 개관 시 밝힌 운영계획의 차질과 특히 상대적으로 부족한 수장작품 등등 이런저런 문제로 획기적인 쇄신이 필요하던 차에 엎친 데 덮친 격으로 누수현상까지 더해지는 상황을 맞게 되었다.

준공 이후 줄곧 비가 새고 있음에도 대전시 당국은 올해 누수를 처음 알았다며 그간 보고를 받지 못했다고 주장하고 있다. 대전시가 운영하는 사업소임에도 신축 건물에서 비가 샌다는 사실을 상급기관에 보고하지 않고 자체적으로 해결하려 했다는 말인가. 이해하기 어려운 일이다. 더구나 시공 건설사에서는 그간 하자보수 차원에서 공사를 해오던 중 보수기간 3년이 끝났다고 한다. 그렇

이응노미술관

다면 미술관 관계자가 시청을 거치지 않고 바로 시공사에 연락하여 조치를 취했다는 것인데 공무원 사회의 관행상 상식적으로 납득하기 힘든 대목이다.

관람객에게 불편을 끼치고 시립미술관이라는 위상을 깎아내리는 것은 물론 소장된 작품의 훼손 나아가 건물 안전까지 위협하는 이런 상황에 대한 책임을 확실하게 물을 일이다. 그렇지 않아도 작품 확충과 다양화, 다양한 전시와 교육 콘텐츠가 부족하여 존재의미와 위상이 어정쩡한 이응노미술관은 그래서 홍성의 이응노생가기념관과 자주 대비되고 있다. 영세한 기초 지자체인 홍성군의 문화행정역량과 감각이 상대적으로 돋보이는 것이다. 홍성 이응노생가기념관은 유족 측과의 긴밀한 접촉으로 수장작품의 확충은 물론 고암미술상을 제정하여 홍성 출신 이응노화백의 예술혼과 업적을 현양한다고 한다.

시민단체와 전문가들의 지적처럼 이런 오랜 누수현상이 공사자체의 구조적 결함 때문인지 또는 관리 소홀로 인한 것인지를 우선 정밀 진단하여 책임소재를 규명하고 그 후에 대대적인 보수 및 운영혁신이 필요할 것이다. 속속 신축 예정인 여러 문화공간이 문화라는 접두사를 붙이기 위해서는 무엇보다도 문화적이고 세련된 관리, 운영, 행정시스템이 확립되어야 하겠다. 이번 사례를 건설 중인 대전국악 전용 공연장이나 대전예술인센터에서도 타산지석으로 삼기 바란다.

보령 머드축제 성공하려면

충남 보령 머드축제가 국내 유명축제 차원을 넘어 세계적인 축제로 발돋움하려는 적극적인 활동을 벌여 주목된다. 그동안 경향 각지에서 정확한 숫자를 헤아리기도 어려울 만큼 숱한 축제가 명멸하면서 긍정적인 효과 이외에 크고 작은 문제점과 부작용을 양산해온 것이 사실이다.

이런 가운데 보령 머드축제가 세계적인 축제로 자리매김하기 위해 의욕적인 연계, 홍보활동을 펼치고 있다는데 제대로 방향만 잡아 추진한다면 일단 긍정적으로 전망된다. 이즈음 전세계적으로 축제의 콘셉트는 내방객의 적극적인 참여와 육체와 정신을 함께 쇄신시키는 다양한 프로그램 제공으로 집약된다. 이 점에서 머드축제는 일단 대단히 유리한 위치를 선점하고 있는 셈이다. 보령머드 즉 진흙은 의학적, 생리학적으로 인체에 유익한 것으로 규명되었고 이를 활용하여 아이디어 여하에 따라 앞으로 무궁무진한 개발가능성이 열려 있기 때문이다. 그런 의미에서 이미 세계적으로 널리 알려진 스페인 토마토 축제 등과 교류하면서 세계화를 시

사진 : 정재훈

도하려는 노력은 바람직하다.

동시에 선결 과제도 적지 않다. 우선 내국인들의 관심과 호응을 최대한 유도해야 하겠다. 머드축제는 외국인을 위한 행사라는 인식의 확산은 결코 바람직하지 않다. 내·외국인이 함께 즐기는 명실상부한 국제적인 축제로 도약하기 위해서는 그러므로 주최측 내부의 성급한 의욕과 조바심이 최대 걸림돌이다.

아울러 단순히 머드를 몸에 바르고 뒹굴며 즐기는 일회성 이벤트를 벗어나 한국적 요소를 최대한 가미하며 머드를 통한 한국문화 체험차원으로 확대시켜야 하겠다. 머드의 유익함을 과학적으로 입증한 논문을 세계적인 저널에 게재하도록 학계를 지원하는 등 전방위적인 활성화 노력도 필요하다. 아울러 중저가 숙박시설을 확충하여 체류형 축제를 유도하고 인근 어항의 활어회 등 해산물을 중심으로 하는 친환경 먹을거리 제공에도 눈을 돌려야 한다.

머드의 유익함을 강조하는 동시에 특히 이 축제가 일상의 스트레스 해소와 삶의 즐거움을 확인시키는 가장 적합한 이벤트임에 방점을 찍기 바란다. 사과를 맛이 있어 먹지 비타민C 섭취 목적으로 찾는 사람이 그 얼마나 될 것인가.

'뮤지엄파크'가 뜨고 있다

– 프랑스 '알레지아'의 경우

박물관과 공원을 결합한 '뮤지엄파크'가 새로운 놀이공원, 문화공간으로 떠오르고 있다. 종전 문화유물과 관련물품을 실내에서 전시하던 박물관과 넓은 야외 공원의 특성을 결합한 일종의 퓨전, 융합시설로 볼 수 있다.

1950년대 디즈니랜드가 문을 연 이래 전 세계 모든 테마파크는 디즈니랜드 따라 하기에 급급해왔다. 어떻게 하면 가장 비슷하게 디즈니랜드와 닮은꼴을 만들까 하는 강박관념이 결국 반세기가 넘는 동안 모두 비슷비슷한 놀이공간을 만들어 놓은 셈이다. 환상의 캐릭터나 가공의 개념을 앞세워 주로 탑승시설 위주의 오락기구를 배치한 테마파크에 대한 비판여론이 적지 않은 이즈음 박물관공원은 여러 문화시설의 장점을 결합한 대안으로 눈여겨볼만 하다. 우리나라에서도 서울 서대문형무소나 천안 독립기념관 등이 일종의 박물관공원에 속하는데 체험과 교육 차원에서는 아직 보완할 과제가 적지 않아 보인다.

프랑스 중부 코트 도르 지방 알리즈-생트-렌이라는 한적한 평야에 조성된 '뮤제오파르크 알레지아'는 이런 문화공간의 트렌드를 적절히 반영하고 있다. 기원전 52년 로마군과 맞선 최후의 전투에서 장렬하게 싸우다 포로가 되고 몇 년 후 처형된 프랑스 원주민 골 족의 수장 베르생제토릭스의 무용담을 중심으로 골 족과 로마군의 생활상과 훈련모습을 최대한의 실물감으로 재현하고 있다. 로마군에 분연히 항거하다 결국 패배하고 그로부터 식민지로 예속된 자신들의 역사를 부끄러워하지 않고 당당하게 드러내면서 반면교사로서의 교육효과를 기대하는 듯하다.

이 문화공간의 최대 역점은 특히 어린이들에게 체험과 학습효과를 극대화 시키는데 있다. 당시 군복이나 투구를 직접 착용하기도 하고 매주 화, 목요일에는 장인匠人들로부터 세라믹, 모자이크, 게임, 벽화, 철기작업, 섬유 그리고 공예세공품을 직접 배우면서 고대문화를 체험할 수 있다.

패배한 장수 베르생제토릭스는 그 구심점에 놓인다. 유럽연합

체제가 진전되면서 점차 퇴색하는 민족정신과 국가정체성을 함양하고 외래문화를 그들 나름대로 특화하여 새로운 문화를 창조한다는 자부심 등이 복합적으로 얽힌 뮤지엄파크 알레지아는 오지여서 찾아가기 그리 수월치 않다. 힘들여 구경 온 내방객들에게 체험과 감성유발을 보장하여 가족단위 재방문을 유도한다는 개념의 문화공간은 당분간 지속될 문화콘텐츠로 자리 잡았다.

'그리운 바다 성산포'

> 미라보 다리 아래 센 강은 흐르고/ 우리 사랑도 흘러만 간다/ 기억해야 하는가/ 기쁨은 언제나 고통 뒤에 오는 것임을/ 밤이여 오라 종이여 울려라/세월은 가고 나는 남는다.
>
> – 아폴리네르, 「미라보 다리」 부분

이렇다 할 특징 없는 흔한 다리 하나에 생명력을 불어넣고 애끓는 사랑의 하소연을 겹쳐놓은 아폴리네르의 감성은 백년 가까이 지난 오늘에도 여전히 미라보 다리 아래 센 강 물줄기를 따라 빛난다. 이즈음 널리 거론되는 '스토리텔링'의 원조 격이라고 할 수 있는 미라보 다리의 사연은 무미건조한 삶의 환경, 단조로운 일상, 인간관계의 팍팍함에서 숨통을 틔워주는 활력소, 촉매가 되고 있다.

멀리 센 강까지 갈 필요가 있으랴. 제주 성산포는 이생진 시인의 「그리운 바다 성산포」라는 작품을 통하여 더욱 애잔하고 절실한 감성의 물꼬를 터준다.

> 성산포에서는 바다를 그릇에 담을 순 없지만/ 뚫어진 구멍마다 바다가 생긴다/ 성산포에서는 뚫어진 그 사람의/ 허구에도 천연스럽게 바다가 생긴다.// 성산포에서는 사람이 슬픔을 만들고/ 바다는 슬픔을 삼킨다/ 성산포에서는 사람이 슬픔을 노래하고/ 바다가 그 슬픔을 듣는다.
>
> – 이생진, 「그리운 바다 성산포」 부분

성산 일출봉에 오르면서 혹은 꼭대기 분화구에서 이 시를 읊노라면 더욱 짠한 감흥이 인다. 해발 182m 일출봉은 바다 속에서 폭발한 화산체로 원래 섬이었지만 모래와 자갈이 쌓여 육지가 되었다. 일출봉 정상에는 면적이 8만여 평이나 되는 분화구가 인상적이다. 흡사 외계인이 지구에 불시착했다가 황급히 떠난 장소인 듯 낯선 이국취향을 선사한다. 웅장한 자연의 신비 위에 애잔한 서정의 옷이 입혀졌으니 더욱 그럴만하다.

> 삼백 육십오일 두고두고 보아도 성산포 하나 다 보지 못하는 눈/ 육십 평생 두고두고 사랑해도 다 사랑하지 못하고 또 기다리는 사람.

빨간 동백꽃, 노란 동백꽃

동백꽃의 계절이다. 11월부터 4 월까지 오랜 기간 피고 지기를 계속해 봄꽃인지 겨울꽃인지 분간이 어렵지만 푸르다 못해 검어 보이는 잎새와 붉은 꽃잎 그 안에 수줍은 듯 고개를 내민 샛노란 수술이 강렬한 3원색의 대비를 이룬다.

500년 넘은 아름드리 동백 3000여 그루, 천연기념물 184호 선운사 동백숲은 가장 늦게 꽃을 보여준다. 3월 말에서 4월 말까지 핀다는 동백꽃을 보러 갔다가 아직 피지 않아 발길을 돌리는 탐방객에게 미당 서정주 시인은 이렇게 노래했다.

> 선운사 동백꽃을 보러 갔더니/ 동백꽃은 아직 일러 피지 않았고/ 막걸리 여자의 육자배기 가락에/ 작년 것만 시방도 남았습니다….

프랑스 작가 뒤마 피스의 '춘희'라는 소설의 원제목은 '동백꽃 여인'. 춘희椿姬라는 표현은 일본식 번역에서 따온 듯한데 늘 동백꽃을 곁에 두거나 달고 있는 여인의 슬픈 사랑이야기는 동백꽃의 정열적 이미지에 얽혀 통속소설이라는 오랜 평가에도 불구하고 소설로, 오페라로, 영화로 2세기 가깝게 세계명작의 반열에 올라 있다.

김유정(1908~1939)의 대표작 '동백꽃'에 나오는 동백은 노란색이다. 강원도에서는 생강나무 꽃을 동백꽃 또는 산동백이라고 불러왔다는데 양념으로 쓰이는 생강이 열리는 나무가 아니다. 꽃이나

가지에서 생강 냄새가 난다 해서 붙여진 이름이다. 대중가요 '소양강 처녀'에서 "동백꽃 피고 지는 계절이 오면/ 돌아와 주신다고 맹세하고 떠나셨죠"라는 대목도 생강나무꽃을 일컫는다. 김유정은 소설에서 붉은 동백꽃과 구별이라도 하려는 듯 '노란 동백꽃'이라고 표현하였다. "그 바람에 나의 몸뚱이도 겹쳐서 쓰러지며 한창 피어 퍼드러진 노란 동백꽃 속으로 폭 파묻혀 버렸다. 알싸한 그리고 향긋한 그 내음새에 나는 땅이 꺼지는 듯이 왼정신이 고만 아찔하였다."

붉은 동백꽃이든 노란 동백꽃이든 무슨 상관이랴. 봄의 전령사 동백이 고단한 일상의 팍팍함에 지친 몸과 마음에 생기와 활력을 불어넣는 청량제가 되어 준다면.

사라진 역사의 현장

근대화, 개발이라는 이름 아래 특히 광복 이후 소중한 문화유산과 역사의 현장이 급속히 파괴되고 사라져갔다. 가난이 짓누르던 시절 문화며 역사 같은 개념은 사치일 수밖에 없었고 아무도 눈길을 주지 않는 가운데 미련 없이 헐어버리고 시멘트를 발라버렸다. 시골집 벽장 속에 보관되던 귀중한 문집이나 전적, 민속문화 유품은 엿장수에게로 넘어갔다. 어디 유·무형 문화재뿐일까. 우리 역사의 한 장면을 증언하는 현장, 후세에 교훈과 교육의 소중한 학습장으로 활용될 공간도 남아있는 곳이 별로 없다. 몇몇 복원이 이루어진 경우도 있으나 현장감이 떨어지고 정확한 고증을 거치지 않아 서먹서먹 어수선해 보인다.

백범 김구 선생이 1949년 육군중위 안두희가 쏜 흉탄에 맞아 세상을 떠난 서울 서대문 경교장 자리는 이미 오래전 종합병원으로 탈바꿈하여 그 당시 비극의 자취를 찾을 길이 전혀 없다. 한평생 애국애족 민족의 독립을 위해 분투한 선생이 희생된 서대문 언저리에서 참으로 무심하고 무지했던 우리의 역사인식, 문화관념을 깨우쳐 본다.

살아온 생애나 업적, 민족적인 숭배 면에서 김구 선생과 인도의 간디가 비교될지 모르겠다. 혹독한 식민치하에서 조국 독립과 민족자존을 위해 한평생 헌신한 점에서는 비슷하겠다. 백범 김구 선생은 중국으로 망명하여 임시정부 활동으로 국가 정통성을 유지했지만 간디의 경우 주로 인도 국내에서 비폭력 불복종 운동을 펼쳐 민족의식과 독립의지를 고취한 점이 다르다면 다를 것이다. 간디의 경우 관련 유적과 유품이 비교적 많이 남아 있는 편이다. 특히 뉴델리 중심부 간디 유택에는 간디가 생시에 활동하던 흔적이 원형 그대로 보존되어 역사교육, 민족정신 함양에 유용하게 이용되고 있다. 특히 1948년 1월 30일 힌두교 광신자에 의해 암살당하기 직전 간디가 산책했던 경로가 발자국 양각으로 처리되어 실물감을 더해준다.

화단 사이로 난 좁은 길에 정교하게 새겨진 간디의 발자국을 따라 중·고등학생을 비롯한 단체 관람객들이 걸어간다. 국민들의 공감대가 형성된 민족지도자를 가진 국민은 행복하다. 사회의 어른, 올곧은 가르침을 주는 스승이 사라진 지금 김구 선생이 그리워진다. 그래서 인도국민들이 간디를 기억하듯 선생이 암살당한 경교장 2층 좁은 서재가 온전히 보존되었더라면 하는 아쉬움이 커진다.

뉴델리 중심부 간디 유택에는 간디가 생시에 활동하던 흔적이 원형 그대로 보존되어 역사교육, 민족정신 함양에 유용하게 이용되고 있다. 특히 1948년 1월 30일 힌두교 광신자에 의해 암살당하기 직전 간디가 산책했던 경로가 발자국 양각으로 처리되어 실물감을 더해준다

문화 에너지

3부 '無求品高'

문화 에너지

생고르, 식민치하에서 민족 자존심을 노래하다

벗은 여인, 검은 여인이여/ 그대가 입은 피부빛은 생명이다, 그대 입은 모습은 아름다움이라!/ 나는 그대 그늘 속에서 자라났다, 그대 부드러운 두 손이 내 눈을 가려 주었고./ 지금 여름과 정오의 한복판 나는 알겠네, 약속된 땅이 그대임을, 목마른 높은 언덕 꼭대기로부터/ 그대의 아름다움은 독수리 번개처럼 내 가슴 한가운데 벼락으로 쳐오른다./ 벗은 여인, 검은 여인이여/ 시샘하는 운명이 그대를 한 줌 재로 만들어 생명의 뿌리에 거름으로 주기 전에, 나는 노래한다. (후략)

– 생고르, 「검은 여인」 부분

아프리카 세네갈 초대 대통령 레오폴 세다르 생고르(1906~2001)는 1980년 스스로 대통령직에서 물러났다. 더 집권할 수도 있었으나 74세 대통령은 후임 디우프에게 자리를 넘겨줬다. 1960년 독립 이후 꼭 20년을 권좌에 있었으니 장기집권이라고 볼 수 있으나 예나 지금이나 특히 아프리카에서는 20년 통치는 그리 긴 기간이 아닐 수 있다.

아프리카 세네갈 초대 대통령 레오폴 세다르 생고르

식민지 치하에서 프랑스에 유학, 소르본 대학을 졸업하고 고등학교에서 프랑스 학생에게 프랑스어를 가르쳤고 레지스탕스에 가담, 나치 독일과 싸웠는가 하면 전후 프랑스 의회에 진출하였고 흑인 최초로 아카데미 프랑세즈 회원이 되었다. 문학 작품과 정치적 업적을 인정받아 4개 대륙 여러 대학에서 명예박사학위를 받았다.

생고르의 생애는 역설과 모순의 연속이었다. 가톨릭교도, 세레르족이었지만 이슬람교도와 월로프족이 절대다수인 세네갈을 통치했다. 최고 지성인이면서도 빈곤층, 농민을 지지 기반으로 삼을 수 있었다. 걸출한 시인인 동시에 탁월한 정치수완으로 조국 독립을 쟁취하였다.

지배국이었던 프랑스 심장부에서 그들의 문물을 익혀 조국 독립과 번영에 적극 활용한 그의 분투는 아프리카인의 자부심과 잠재력 그리고 오랫동안 무시되고 평가절하되었던 아프리카 문화의 수월성을 새롭게 규명해낼 수 있었다. 우리나라로 치면 더없이 적극적인 맹렬 친일파로 분류될 만한 경력과 활동이었다. 그러나 가혹한 식민통치 속에서도 세네갈과 아프리카인의 위대성, 민족자존심을 거침없이 노래하도록 짐짓 방임했던 노련한 프랑스 식민정책의 한 단면이 여기서 뚜렷이 읽혀진다.

말띠 해, 기사騎士를 그리며

내미는 팔 힘줄엔 아직도 선연한 순결/ 귀부인 향한 연모의 불길 미소년 관능인가/ 충성과 신앙 갑옷보다 단단하니/ 떠나간다 험난한 풍진風塵과 미답未踏으로/ 오늘은 어느 성채 회랑에서 꿈꿔 보려나/ 먼지와 햇살 이교도 창검 자양분 삼아/ 늠름한 청년 되어 사랑을 쟁취하리/ 좁디 좁은 오만의 벽 편견의 숲속에서/ 그대 영주 위하여 무엇을 찾아올까/ 애잔한 젊음 피고 지던 중세의 그늘 너머로

– 졸시, 「기사를 그리며」 전부

서양 중세 이상적인 인간상은 기사騎士였다. 흔히 상상하듯 백마를 타고 갑옷과 투구로 무장한 용맹한 젊은이. 기독교 신앙에 투철하고 자신이 섬기는 영주에게 충성을 다하는 청년. 나이는 대략 열대여섯 살부터였을 터이니 청년이라고 하기 보다는 소년 또래였다. 아직 아이 티를 벗지 못했음에도 중세 당시 평균연령이 마흔에 못 미쳤던 상황을 감안한다면 제법 의젓한 성인의 역할을 감당하였던 세대였다.

이종우 「무전지대」

중세 후반에 이르러 봉건영주제가 타락하고 잇따르는 십자군 원정이 신앙적 동기보다는 영리, 경제적 목적으로 변질되면서 기사정신, 기사도의 미덕 역시 훼손되어 갔지만 여전히 기사에게는 오늘에 이르기까지 멋지고 이상적이면서 세상의 혼란을 잠재울 역량과 소망이 덧씌워져 있다. 여성들에게는 자신에게 프러포즈할 이상적인 남성상의 꿈이 포개지기도 하면서 특히 혼란스러운 사회에서 기사의 이미지는 더욱 빛난다.

세상의 어려움을 풀어갈 신선한 대안을 제시하고 답답한 정서를 쇄신시켜줄 21세기 기사는 어디에 있을까. 그나저나 이제 정치권에서는 아무래도 찾아보기 어려울 듯하니 문화, 예술계에서 새해 말띠 해 멋진 기사, 기사의 미덕을 두루 갖춘 인물의 출현을 기다려본다.

칼국수를 키웁시다

이사를 했다. 새로 옮긴 아파트 단지는 예전에 칼국수집이 몰려 있던 곳을 재개발한 원도심 지역에 위치해 있다. 1970년대에 멈춰선 듯 아련한 향수를 불러일으키던 옛 칼국수 골목의 정취는 사라졌지만 오늘도 어디선가 칼국수 구수한 냄새가 배어나오는 듯 하다.

칼국수. 대전이 내세울 만한 대표적인 대중음식임에도 관심이나 지원, 개발의지와 부가가치 창출이 더딘 품목이다. 전주비빔밥, 춘천닭갈비 같이 폭넓은 대중적 인지도는 아직 확보하지 못했다 하더라도 활성화 여하에 따라 대전을 대표할 수 있는 강력한 잠재력이 있다.

청주에서 몇 년 전부터 삼겹살 골목을 조성하여 특화음식으로 만들려는 노력을 집중하고 있지만 아직 가시적 성과는 그리 크지 않아 보인다. 거기에 비해 칼국수는 우선 서민 친화적이고 면의 재질, 육수, 고명의 차별화에 따라 고급으로부터 저렴한 수준까지 선택의 폭이 넓다. 서울 강남에서는 요즈음 고급 김밥 한 줄에 만

오천 원을 받는다는데 칼국수도 원료와 조리법 등에 따라 서민용으로부터 고급음식까지 뻗어갈 스펙트럼은 넓다.

친환경 국산 밀가루에 쌀가루, 콩가루, 들깨가루 등을 넣어 찰진 수타면을 만들고 육수와 고명 역시 무공해 웰빙 식자재를 쓴다면 국제무대에 내놓을만한 품질과 외양의 차별성을 확보하기 어렵지 않다.

지역과 그다지 연고도 없어 보이는 와인을 문화브랜드로 삼기 위한 노력의 몇 분의 일만이라도 기울인다면 칼국수의 본고장이 되어 선택의 폭이 넓은 대중친화적인 음식의 탄생을 기대해본다. 바지락, 해물, 들깨, 버섯, 샤브, 팥죽 등 칼국수 앞에 붙는 수식어의 외연을 더 확대하는 것도 중요하고 기계로 뽑아낸 면을 쓰고서도 '칼'국수라는 이름을 내거는 일부터 삼가야 하지 않을까.

등록금 완전 폐지 독일, 부럽다

독일 니더작센 주 의회에서 대학등록금 폐지를 가결했다고 외신은 전했다. 학기당 약 73만원 정도였던 등록금이 없어짐으로써 독일연방 16개 주 전체 대학 등록금이 사라지게 되었다. 부럽기 짝이 없다. 독일의 경제력과 복지수준은 이미 정평이 나있지만 이런 과감한 결정에 세계의 시선이 집중되었다.

하기야 대학진학률이 20~30% 정도이니 국가에서 학비부담을 떠안을 만도 하다. 프랑스 같은 다른 유럽 국가들 대학도 대부분 국립이어서 학기당 등록금이 몇 십 만원 수준인데 독일의 등록금 폐지가 이들 나라에 미칠 영향도 적지 않을 것이다.

2차 대전의 폐허 속에서 국가재건에 몰입한 독일이 이룩한 오늘의 번영은 경제적 지표로만 설명되지 않는다. 패전국의 참담한 상황에서도 독일국민들은 괴테의 시를 읽고 실러와 하우프트만의 연극을 찾았다. 그런 인문정신, 교양, 시민의식이 독일의 오늘을 일군 바탕이 되었을 것이다.

독일의 등록금 폐지를 부러운 마음으로 지켜보면서 우리의 현실을 생각해본다. 가령 이런저런 논란 끝에 수면 아래로 잠복해버린 반값등록금 문제에 이르면 대학 구성원들은 희롱당한 느낌이다. 애초에 실천의지도 없이 실현가능성도 면밀히 챙기지 않은 가운데 불쑥 튀어나왔다가 슬며시 사라진 이 의제는 식언, 말 바꾸기, 책임전가 같은 정치권의 주특기를 감안하더라도 무책임하기 이를 데 없는 해프닝이었다.

대학진학률이 80%를 넘는 우리나라에서는 반값등록금의 조속한 실현 가능은 그리 높지 않다. 결국 선택과 집중이 관건인데 이즈음 교육부가 추진 중인 대학구조조정 작업에 관심이 쏠린다. 허망한 통계와 서류상 지표에 의존하는 전근대적 행정 마인드로 재정지원 제한, 정원감축이라는 해묵은 전가의 보도를 더 이상 휘두르지 않기를 기대하면서.

독일 하이델베르크 대학 문장(seal)

'무구품고無求品高'

고령화 사회가 급속히 진행되면서 예측하지 못했던 사회현상이 속출하고 있다. 이를테면 예전과는 판이한 노인문화가 형성되고 있는 것이다. 체념과 달관, 여유와 은둔으로 집약되던 노인들의 행동, 의식과 감정이 젊은이 못지않게 속속 분출되며 타오르는 것이다. '나이는 숫자에 불과하다'라는 외침에 '나이는 못 속인다'는 주장은 저만치 밀려나 버렸다.

노령 정치인들의 일선 등장이 그러하다. 사회 각 분야 직종에 제각기 정년이 있는데 정치권은 예외인지 고희가 훨씬 지난 현역들의 움직임은 부산하다. 교육계 특히 대학에서도 주로 설립자 중심으로 칠순 팔순을 넘은 총장들이 여전히 학교경영 일선에 서 있는데 나날이 급변하고 각박해지는 대학경쟁 구조에 전향적이고 유연하게 대응할 감각과 비전이 충분한지는 알 수 없다.

논어 위정편에 나오는 구절, 일흔이 되면 '종심소욕불유구從心所欲不踰矩'라는 문구가 떠오른다. 마음이 하고자 하는 바를 따라도 법도를 넘지 않는 다라는 뜻인데 공자 시대 평균연령을 생각하면

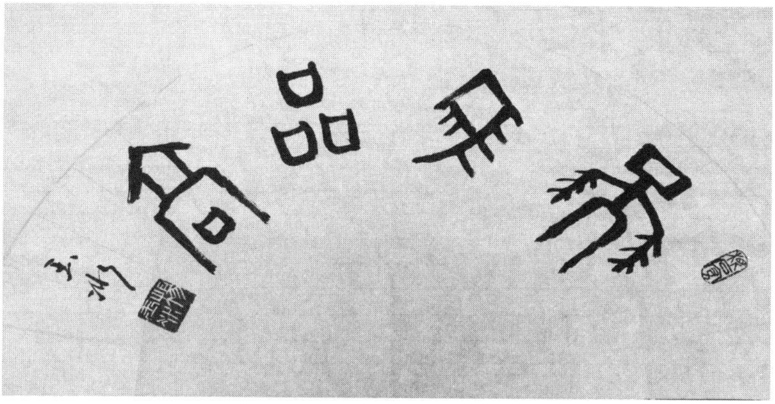

욕망하거나 바라는 것이 없거나 크지 않으면 품위와 격조가 높아진다

지금과는 의미해석에 차이가 있을 것이다. 그럼에도 존경받는 현명한 노인이 되려면 욕심을 줄이고 나 아니면 안 된다는 아집을 덜어내는 일이 긴요하건만 모두들 왕성하던 젊은 시절의 향수에 몰입해 있는 모양이다.

적절한 나이에 이르면 깊은 경륜과 지혜를 후진들에게 겸허하게 전수, 격려하며 한 발 물러서서 느긋하게 현실을 바라보는 여유가 아쉽다. 중국 서예가이자 근서(根書, 진달래 뿌리를 이용하여 글자나 형상을 만드는 조형예술)의 대가인 양옥빙 선생에게서 받은 갑골문자 휘호는 이런 생각을 굳혀준다. '무구품고無求品高', 욕망하거나 바라는 것이 없거나 크지 않으면 품위와 격조가 높아진다는 평범하지만 깊은 삶의 이치가 새삼 가슴에 와 닫는다.

갈 길 먼 '한식 세계화'

한식 세계화 요원으로 해외 공관에 파견된 인력을 대사관저 조리담당으로 일하게 했다는 보도는 이 사업의 실상과 한계를 가감없이 보여준다. 전임 대통령 부인이 앞장서 막대한 국고를 투입하여 몇 년간 떠들썩하게 벌인 한식 세계화 프로젝트의 성과는 초라하다. 외국에 국가에서 투자한 대규모 식당을 운영하겠다는 발상도 그렇고 단기간에 한식을 메이저 요리 위상으로 끌어올리겠다는 시도도 여간 무모한 것이 아니었다.

음식을 포함한 한 나라의 문화 전파는 오랜 기간 여러 경로를 통하여 민간 차원으로 자연스럽게 보급, 확산되어 나가는 것인데 이를 정부주도로 행정체계와 예산을 동원하여 추진하겠다는 발상은 전근대적이다. 일본에 뿌리내린 김치, 세계 각국으로 퍼진 한류열풍이 그동안 어디 정부의 힘으로 이루어진 것이었을까. 이탈리아 파스타, 인도 탄두리, 일본 스시와 라멘같이 전 세계적으로 선호되는 음식이 그 나라 정부의 입김에 힘입었다는 이야기를 들어본 일이 없다.

한식 세계화의 걸림돌은 국가지원이 미흡하거나 우리 국력이 상대적으로 약해서가 아니라 통일되지 못한 레시피, 외국인들의 입맛에 유연하게 적응하지 못하는 경직성 그리고 음식 이름의 영문 번역상 오류 같은 세세한 부분에 이르기까지 하나 둘이 아니다. 음식점 메뉴판의 영문 번역 오류는 코미디 차원을 넘어 민망할 지경이다. 육회肉膾를 six times, 곰탕은 bear thang, 동태찌개는 동태凍太를 동태動態로 오역하여 dynamic stew라는 희한한 이름을 내걸었다. 아무 생각 없이 구글 번역기를 이용한 결과였다.

몇 년 전부터 프랑스 파리에서 현지인들의 큰 인기를 모으는 비빔밥Bibimbap 식당은 별다른 광고나 마케팅 없이도 입소문으로,

맛으로, 자리 잡은 성공사례로 꼽힌다. 우리의 전통 비빔밥과는 다소 차이가 있지만 어느 정도의 현지화가 불가피하다면 이제 한식 세계화의 큰 틀을 새로 짜야할 때가 된 듯싶다.

동화를 어떻게 받아들여야 하나

꽁꽁 얼어붙은 출판시장의 침체가 오래 계속되고 있다. 독서의 계절 가을이 왔건만 도서 판매량은 그다지 늘지 않았다고 하는데 연중 책읽기가 생활화되었기 때문이라고 말할 수 없고 보면 불경기 첫 긴축대상이 책 구입을 비롯한 문화비 절감 탓이 아닐까. 그런 가운데서도 젊은 부부층을 중심으로 자녀들이 읽을 만한 도서 구입 특히 그림책을 비롯한 읽어주기에 적합한 책에 대한 관심은 꾸준하여 미세하지만 독서문화 확산의 가능성이 엿보인다.

자녀 연령에 어울리는 책을 구입하여 읽어주는 습관은 어린이들이 성장하여 책을 가까이 하도록 인도하는데 가장 바람직한 방편이다. 같은 책이라도 시간과 상황에 따라 그리고 목소리와 분위기를 바꿔가며 읽어주는 것이 좋겠다.

남은 과제는 무슨 책을 고를까이다. 디즈니 명작동화를 비롯한 외국서적 번역판이 여전히 선호되고 있으나 너무 어린 시절 각인된 외국정서와 사고방식은 올바른 성장에 걸림돌이 될 개연성이 크다. 디즈니 명작동화의 경우 끝부분에 은연중 드러나는 미국을 향한 맹목적 숭배감, 백인 위주 사상이 깔려 있다. 슬프고 비극적인 스토리를 자의적인 각색으로 변형시켜 해피앤딩과 함께 나름 교훈을 깔고 있는데 거기에서 미국문화, 백인세계의 우월함을 내비치는 메시지가 잠복해 있다.

동화가 모두 "오래오래 행복하게 살았다"는 식의 상투적인 결말로 끝날 필요가 있을까. 아이들의 인식과 판단이 바뀌고 더없이 조숙해지는 마당에 원작 그대로 전달해도 어린이들은 현실감 있게 받아들이고 여과해 낼 수 있을 것이다. 쓸쓸한 결말로 막을 내리는 안데르센 「인어공주」도 독일 그림형제의 동화도 원본 그대로 전달하고 소화해야 할 때에 이른 듯싶다.

덴마크 코펜하겐 인어공주 동상

'차별'이 아닌 '구별'은 필요하다

2014학년도 대학 입학시즌이 본격화되었다. 소신과 취향보다는 내신과 수능성적에 따른 서열화가 계속되는 상황에서 과열 대학 입시가 사회에 끼치는 직·간접 영향은 여전히 개선의 기미가 더디다. 대학입학 시스템만 바로 잡힌다면 여기서 파생되는 온갖 문제가 자연히 해소되고 선진사회로 곧바로 진입할 텐데 정부수립 이후 역대 그 어느 정권도 성공하지 못하였다.

대학과 학과 선택 과정에서 수험생과 학부모가 겪는 혼란과 갈등은 심각하다. 대학마다 제각기 다른 전형요강을 파악하는 일도 그러하고 지원하는 대학과 학과의 부실 여부, 정체성과 진로 등 알고 싶은 일들이 하나둘이 아니건만 정보제공 채널은 늘 좁기만 하다.

몇 년 전 교육부는 4년제, 2년제 대학 구분 없이 모두 'OO대학교'로 명칭을 통일하도록 하였다. 이 조치에 대한 평가는 아직 이른 감이 있지만 과도기적 혼란은 불가피하였다. 최고책임자 이름도 과거 종합대학은 '총장', 전문대학은 '학장'이었는데 이제는 구

세계적인 명성의 일본 동경대나 중국 북경대 등도 모두 '동경대학, 북경대학'이 공식명칭이다

분 없이 '총장'이 되었다. 남은 구분척도는 영어명칭으로 종합대학은 university, 2~3년제 대학은 college이건만 일부 전문대학에서는 홈 페이지나 학교버스에 university로 표기해 놓았다. 마지막 남은 기준은 학과 명칭 표기상 차이인데 종합대학은 '00학과', 전문대학은 '00과'로 되어 있지만 이 대목은 대부분 지나쳐 버리기 쉽다.

어떤 경우든 차별이 있어서는 안 된다. 그러나 혼란을 막고 저마다 가진 장점과 특성을 부각시키려면 일정한 '구별'은 필요하겠다. 진학 지도 선생님들이나 입시학원에서는 종합대학과 전문대학을 대번에 구분하시겠지만 수험생과 부모들로서는 쉬운 일이 아니다.

'대학'이라는 이름보다는 '대학교'를 선호하는 바탕에는 우리 사회의 권위지향 인식과 확대지향 고정관념이 깔려 있지 않을까. 세계적인 명성의 일본 동경대나 중국 북경대 등도 모두 '동경대학', '북경대학'이 공식명칭이다. 전국 300여개 대학이 무한경쟁의 치열한 각축 속에 대학 존립의 명운을 거는 이즈음 교육계 스스로 여기저기 깔려있는 방만한 거품을 거두고 겸손하게 내실을 다지려는 각오가 그래서 필요하다.

넥타이를 풉시다

여름철 전력공급이 위기상황에 접어들자 정부에서는 관공서, 기업체를 비롯하여 전 국민들을 대상으로 냉방온도를 낮추고 특히 공무원들의 경우 넥타이를 풀고 노타이 차림으로 근무하도록 지시했다. 곧이어 총리 이하 전 공무원이 넥타이를 풀어버리고 시원한 모습으로 등장했다. 보기에도 좋고 한결 친근한 인상이었다. 한여름에도 긴팔 셔츠 차림에 근엄한 인상으로 일관하던 고위직 공무원, 정치인들의 소탈한 모습이 오래 지속되었으면 하고 기대했다.

공무원, 정치권 인사들의 노타이 패션은 이번이 처음이 아니다. 에너지 절약 분위기가 나타날 때마다 얼마간 넥타이를 풀거나 반팔 셔츠를 입은 모습을 숱하게 봐왔기 때문이다. 그러나 그런 모습을 보름 이상 본 기억이 없다. 에너지 절약을 솔선 생활화 하려면 연중 노타이 차림이 바람직한데 검은색 대형 승용차에 감색·검정색 정장, 붉고 푸른색 넥타이 차림새는 예나 지금이나 변함이 없다.

외국처럼 넥타이를 풀고 셔츠차림으로 더러 머리가 헝클어진 가운데 전달하는 뉴스는 훨씬 사실감 있고 시청에 편안했다(사진 : KBS-TV 화면)

2013년 여름이 얼마나 더웠으며 전력 비상상황이 얼마나 심각했는지는 연례적으로 노타이 패션을 반복하는 공무원, 정치인이 아니라 TV방송 뉴스 앵커까지도 넥타이를 매지 않고 셔츠차림으로 방송에 나선 모습이 증명한다. 스튜디오 냉방 온도를 높여 더위 탓인지 또는 대국민 계몽 차원의 솔선수범인지는 모르겠으나 앵커들이 넥타이를 푼 모습은 그리 흔치 않았다. 밤 8-9시 휴식을 취하고 뉴스를 시청하는 시간에 너무 유별난 앵커들의 정장과 화장매무새는 좀 거북한 것이었다.

뉴스나 사건사고가 꽉 짜인 형식과 논리에서 발생하는 것이 아니고 보면 밤 시간대 앵커나 아나운서들이 방금 뽑아 입은 듯한 정장에 조여 맨 넥타이 그리고 머리카락 한 올 흐트러지지 않은 모습은 여러모로 편치 않았다. 외국처럼 넥타이를 풀고 셔츠차림으로 더러 머리가 헝클어진 가운데 전달하는 뉴스는 훨씬 사실감 있고 시청에 편안했다.

더위가 한풀 꺾인 9월에 접어들자 각 방송사 앵커들은 약속이나 한 듯 일제히 다시 넥타이를 동여매고 나타났다. 올 여름 더위를 계기로 이제부터는 편안한 일상복장의 앵커를 볼 수 있으려나 했던 소박한 희망은 사라지고 말았다.

라면 50년

세계라면협회라는 단체에서 집계한 2012년 세계 즉석라면 판매량은 1014억여 개. 우리나라 소비량은 35억 2000만개로 세계 7위지만 국민 1인당 소비량은 69개로 세계 1위다. 라면 원조국 일본의 42.6개보다 훨씬 많은 셈이다.

2013년 국내 라면 매출 예상액은 2조가 넘을 전망이라는데 1963년 9월 15일 삼양식품에서 삼양라면을 처음 출시한 이후 꼭 50년 만에 이룬 대기록이다. 1989년 이른바 '공업용 우지牛脂 사건'으로 삼양라면은 1위 자리를 농심에게 빼앗겼고 이후 그 순위는 바뀌지 않았다. 공업용 우지를 라면 제조에 사용했다는 혐의는 1997년 대법원 판결로 무죄가 되었지만 라면의 선두주자 삼양의 불운은 지속되고 있다.

발매당시 중량 100g, 정가 10원이었던 삼양라면은 초기에는 밥위주의 식생활환경의 영향으로 별다른 반응을 이끌어 내지 못했다. 수프에 고춧가루를 보강하여 더 얼큰하게 바꾸고 나서야 주목을 끌기 시작했다. 초등학생 시절 처음 먹어본 라면 맛을 지금도

잊지 못한다. 꼬불꼬불하고 고소한 면발에 닭기름 같은 것이 동동 뜨는 국물은 기성세대에게는 거부감을 야기했지만 어린 세대에게는 호기심과 식탐을 자극했던 것이다.

그로부터 반세기. 실로 다양한 품목의 라면이 출시되는 동안 국민의 입맛과 기호 변화 추이는 50년간 우리사회의 압축 성장을 요약한다. 갖가지 맛의 라면이 나타났지만 여전한 베스트셀러는 맵고 얼큰한 국물 맛이다. 얼마 전까지만 해도 인기를 끌었던 하얀 국물 라면이 최근 소리 없이 사라진 이유도 여기에 있다. 생활 여건이 크게 바뀌고 소득이 올라갔다지만 국민들의 입맛은 변화가 더디다는 사실은 사회문화적 현상으로 주목할 만하다.

50년 전 10원이던 라면이 요즈음 일반라면의 경우 600원 정도라면 가격인상 폭은 약 60배에 이른다. 같은 기간 정부의 통제를 받는 시내버스 요금이 100배 이상 올랐으니 라면은 영양측면의 공과는 차치하고라도 국민경제상 적지 않은 공을 세운 식품임은 분명하다. 저염도, 면의 산패 방지, 몸에 이로운 성분 추가 등 라면이 개척할 영역은 무한하다. 21세기 라면의 새로운 변신은 어떻게 나타날까.

인문학의 두 얼굴

광복 이후 대학이 속속 설립되면서 처음 개설된 학과는 주로 인문사회계열이었다. 어문학, 철학, 사학, 법학 같은 분야가 주축을 이루면서 우리나라 현대 고등교육은 체계를 갖추어 갔다. 국어국문학, 철학, 사학 등은 경성제국대학, 연희전문, 보성전문학교 등에 설치되었고 외국어문으로는 일제 강점기 일본과 친근했던 독일의 영향으로 독일어문학이 그런대로 자리를 잡아오던 터였다.

대학의 역사는 동·서양을 막론하고 이렇듯 인문학 분야를 중심으로 형성되고 확산·발전되어 왔다. 문사철文史哲로 요약되는 인문학 연구와 교육, 사회 기여의 부침, 성쇠는 인류문화사에서 인간의 지적 호기심이 어떻게 변모해 왔는지를 보여준다.

지금 우리가 누리는 풍요로운 삶과 문화의 토대와 골격을 형성한 인문학이 백척간두 위기에 처해 있다. 각 대학에서는 구조조정이라는 이름으로 지원자가 덜 몰리고 사회적 수요가 적은 인문계열 여러 학과에 대하여 정원 감축, 통폐합 나아가 학과 자체를 폐과하고 그 정원을 이른바 인기학과로 돌리는 일련의 작업이 진행

출판 불황의 깊은 그늘 속에서도 인문학 서적은 여전히 활발하게 출간되고 있다

중이다.

우리나라 대학에 개설된 수백 개의 학과 가운데 이런 논리와 추세로 본다면 존속이 가능한 학과는 십여 개 남짓에 불과할 것이다. 사회는 나날이 다양해지고 새로운 영역이 확산 일로에 있지만 중추 인력을 공급하는 대학의 흐름은 나날이 축소·경직되는 모순된 현실에 직면해 있다. 지금의 논리로 보면 밥도 빵도 온전히 보장할 수 없다는 인문 분야에 대한 당시 높은 관심과 열정이 반세기도 안 되어 오늘의 번영의 기초를 닦았던 것이다.

대학에서 홀대받는 인문 분야가 사회에서는 열광적인 호응과 참여·관심을 불러일으킨다. 정부, 지자체, 각급 기관단체를 비롯하여 다양한 조직에서 주관하는 수많은 인문학 강좌에는 남녀노소 많은 사람들로 북적인다. 인문학 서적도 출판 불황의 깊은 그늘 속에서도 여전히 활발하게 출간되고 있다. 팍팍한 세상살이에 지치고 인간관계로 상처받은 사람들의 피폐해진 정서와 의식을 보듬고 치유의 길로 인도하는 자양분으로서 인문학은 그래서 각박하고 분열된 사회에서 사람들을 위로하는 자양분이 되고 있다. 돈 많이 벌고 건강하고 능통한 처세를 가르치는 다른 학문이 득세하는 대학에서 인문학은 지금 쓸쓸하고 외롭다. 이런 인문학이 사회에서는 드높은 관심으로 환영받는 두 모습의 대립은 언제까지 계속될까.

'저녁이 있는 삶'

온 가족이 함께하는 저녁식사가 드물어졌다. 핵가족 추세가 가속화되고 거기에 1인 가구까지 급증하면서 식구끼리 오순도순 둘러앉아 저녁을 먹으며 이야기를 나누며 서로를 위로하는 단란한 정경이 급속도로 사라지고 있다. 저녁식사 중 또는 식후에 가족 간에 오가는 여러 대화에서 가정교육이 이루어지고 갈등이 해결되면서 여러 잠재적인 문제가 풀릴 물꼬를 틀 수 있는데 이런 기회가 줄어들고 있으니 지금 우리 사회가 당면한 여러 문제는 브레이크를 잃은 채 증폭 일로에 있다.

밥상머리 교육이라고 했던가. 예전 봉건잔재가 남아있던 시절 가장·아버지의 위상은 절대적이었다. 일방적인 지시와 훈계가 있을 뿐 상호 소통과 의견교환은 어려웠지만 가족 구성원의 행동지침과 가정의 주요 현안에 대해 가장이 내리는 지침은 유효한 기준이 될 수 있었다. 그런 식탁 문화, 가족 소통 채널이 사라지면서 뿔뿔이 밥을 먹고 제 일에 몰두하는 유목민 사회로 바뀐 것이다. 여기서 갖가지 사회문제가 파생된다.

해가 진 뒤 가정에서 사랑을 확인하며 또는 혼자라 해도 자신만의 시간을 누리면서 삶의 의미와 존재의 소중함을 차분히 생각해보는 성찰과 평화의 계기는 긴요하다

삶의 고단함과 나날이 각박해지는 사회의 냉혹함을 위로받으며 나지막이 대화가 오가는 식탁의 부활, 평화로운 저녁시간의 소생이야말로 우리 사회의 건강성을 회복할 수 있는 지름길임을 믿는다. 그러나 야간 자율학습과 사교육, 영어 피아노 태권도 학원으로 아들딸들은 바쁘고 부모는 야근과 1일 2~3 교대근무 또는 퇴근 후 비즈니스와 회식, 친목회로 분주하다. 24시간 문을 여는 매장, 식당, 서비스 업소를 비롯하여 온갖 형태의 야간 활동이 늘고 있으니 가족끼리 보내는 저녁은 점차 희귀해진다.

'저녁이 있는 삶'. 2012년 대선 과정에서 어느 야당 후보자가 경선 슬로건으로 내건 문구다. 정치적 선호나 전략, 의도를 떠나 그 자체로 의미 있는 삶의 지표로 눈여겨볼 만하다. 해가 진 뒤 가정에서 사랑을 확인하며 또는 혼자라 해도 자신만의 시간을 누리면서 삶의 의미와 존재의 소중함을 차분히 생각해보는 성찰과 평화의 계기는 긴요하다. 밥상머리 대화와 교육 또는 자신의 발전을 위한 대화와 공부를 위한 저녁시간이 그래서 소중한 것이다. 지금처럼 나날이 저녁의 삶이 줄어드는 사회, 자신이 무엇을 하는지도 모른 채 휩쓸려 저녁을 보내는 일상이 가져오는 황량함이 두렵다.

아름다운 건배를 위하여

인터넷에서는 갖가지 건배乾杯 문구 모음 파일이 인기를 끌고 있다. 모임의 분위기를 돋우고 덕담을 건네는데 있어 건배사는 매우 중요하다. 대체로 주빈이나 모임을 주도하는 인사, 참석자 가운데 연장자나 지위가 높은 사람이 이 순서를 맡는다. 법관들의 술자리에서는 참석자 모두에게 건배사를 할 수 있는 기회를 부여한다. 시간이 갈수록 참신한 표현은 줄어들고 다소 지루해지기는 하지만 함께한 모든 사람에게 골고루 인사와 소감을 펼칠 기회를 부여하는 의미 있는 음주문화로 눈여겨볼 만하다.

오래전부터 통용되던 "위하여"라는 표현은 군대문화에서 비롯된 것이라는 주장이 있는데 간단명료하기는 하지만 무엇을 위한다는 목적 지향이 불분명하여 두루뭉술한 느낌이 있었다. 근래 여러 가지 개념의 앞 글자만 따서 만든 단어를 건배 구호로 쓰는 유행은 이런 무미건조한 건배 분위기를 발전시킨 현상으로 볼 수 있다. 진달래, 오징어, 해당화 같은 보통명사로부터 기기묘묘한 신조어 그룹이 통용되고 있다. 인터넷을 검색하면 거의 100여종에 이르는 건배구호가 올라 있다. 그 중에는 무릎을 치게 하는 기발한 어휘, 우리말의 맛과 멋을 살린 감칠맛 나는 표현이 있는가 하면 외설적인 문구도 적지 않아 자칫 모임의 분위기를 썰렁하게 할 우려도 크다.

중요한 것은 우리 삶의 매 순간, 모든 상황에서 T.P.O.(시간, 장소, 상황)에 따른 적절한 선택과 순발력 발휘가 아닐까. 허물없는 친구들 간의 모임과 격식을 갖추어야 할 공적인 자리에서의 건배사는 구별되어야 하기 때문이다. 어린 시절부터 자신의 느낌과 생각을 조리 있게 표현하는 교육과 훈련을 받지 못하고 성장한 기성세대들에게 건배사는 부담스러운 순서일 수 있겠다. 그럴 때일수록 진심을 담은 소박한 한두 마디의 발언이 인간관계를 돈독히 해주는 촉매가 될 수 있다.

건배사와 함께 이루어지는 술잔 마주치기와 눈길 주고받기는 이런 과정의 완결편을 이룬다. 웃음 띤 얼굴로 옆 사람이나 좌중의 눈과 얼굴을 바라보며 잔을 마주대는 유연한 매너가 필요하다. 건배할 때 상대방의 얼굴을 보지 않고 술잔을 쳐다보거나 다른 곳을 응시하는 모습은 건배의 진정한 의미를 일정부분 상쇄하는 까닭이다. 삶의 여유가 나날이 줄어들고 단절, 소외 같은 어두운 그림자가 드리워지는 이즈음 아름다운 건배의 힘을 생각해본다.

제대로 악수합시다

악수를 하면서 상대방의 눈을 바라보지 않고 다음에 악수할 사람을 쳐다보는 자세는 빠른 시간에 한 명이라도 더 손을 잡으려는 정치인들의 전용 습관인줄 알았다. 그런데 유심히 보니 올바르지 못한 악수매너는 사회전반에 널리 퍼져 있었다. 어린 시절부터 에티켓 교육이 제대로 이루어지지 않은 탓도 크겠지만 보다 근본적인 이유는 사람에 대한 존중, 갖추어야 할 예절에 대한 소홀한 인식 등일 수 있겠다.

악수는 가장 일반적인 인사법으로 통용된다. 중세시대까지만 해도 손에 무기가 없으며 따라서 공격할 의사가 없음을 확인시키는 수단으로 악수가 사용되었다고 하는데 손은 신뢰의 상징이었다. 따라서 악수하는 행위는 상대를 믿는다는 우호의 표시로 굳어졌다. 법정이나 청문회에서 선서할 때, 취임식에서 대통령이 손을 들고 선서하는 것도 같은 맥락에서 비롯되었다.

악수는 상대와 손을 맞잡는 신체의 접촉이지만 눈빛으로 주고받는 마음의 소통과 교감이 핵심이다. 특히 악수를 할 때는 눈 색깔을 구별할 수 있을 정도로 눈을 똑바로 쳐다보라고 한다. 실제로 0.5초를 더 보는 것과 덜 보는 것이 호감을 사는데 큰 차이가 있기 때문이다. 상대의 지위가 높다거나 연장자라 해서 눈을 마주 보지 않은 채 허리를 굽신거리는 것은 좋아 보이지 않는다.

악수는 손을 잡는 강도强度도 중요하다. 악수할 때 힘이 없는 사람은 무기력하고 신뢰가 떨어지고 손을 너무 꽉 쥐는 경우 거칠고 편향된 감정의 소유자라는 느낌을 준다. 부드럽게 힘을 주는 사람은 안정되고 믿음직한 친화력을 보여준다. 악수하는 동안 왼손을 주머니에 넣거나 뒷짐을 져서도 안 된다고 국제매너 교범은 일러준다. 얼마 전 마이크로 소프트사 빌 게이츠 회장이 박 대통령을 예방했을 때 왼손을 바지주머니에 찌르고 악수하는 모습은 새삼스럽게 우리 사회에 악수매너 논쟁을 불러왔다.

요컨대 손을 잡는 강도, 흔드는 횟수, 눈의 마주침 그리고 c음계의 솔(sol)정도의 음성으로 건네는 인사말 등 네 가지 요소가 적절한 균형을 이룰 때 상대방에게 호감을 주는 악수는 가능해진다. 너나없이 악수를 주고받는 사회에서 무의미하게 건성 흔들어대는 손, 경우에 어긋나는 무례한 손의 왕래에서 세상살이가 점점 더 팍팍해지는 이즈음이다.

예술과 외설 사이

1857년 프랑스 시인 샤를 보들레르는 현대시의 시조로 꼽히는 시집 '악의 꽃'을 출간했다. 그 당시 사회분위기는 이 시집의 주요한 테마인 추醜함과 성性, 죽음 등을 수치스러운 것으로 여겼고 동성애 취향, 우울, 도시의 그늘, 도취, 사라진 순수성, 삶의 억압 등의 제재는 물의를 일으키기에 충분했다. 비속한 부르주아 계층의 위선적이며 이중적인 가치관이 이런 도발을 용납하지 않았던 것이다. 보들레르를 고발했던 비평가는 이렇게 주장했다. "이 시집에서 흉측하지 않은 것이라곤 이해 불가능한 것들뿐이고 이해할 수 있는 것이라고는 타락한 것들뿐이다." 그러자 보들레르는 이렇게 응수했다.

'악의 꽃'이라는 책은 차갑고 불길한 아름다움을 입고 있습니다. 이것은 분노와 인내로 쓰인 책입니다."

보들레르와 발행인은 풍기문란죄로 고발되었고 벌금형에 처해졌지만 액수는 경감되었다. 100년 가까이 지난 1949년에 이르러

고야의 「나체의 마야」

서야 최종 무죄 판결이 내려졌고 삭제된 시편들도 그제서야 빛을 보게 되었다. 출간 후 160년 가까이 전 세계적으로 수천 권의 연구서와 수만 편 논문의 텍스트가 되었던 '악의 꽃'이 겪은 수난은 그리하여 사법부의 무지와 편견이 예술발전에 장애물이 되고 있다는 사실을 증거하는 대표적인 사례로 꼽힌다.

문화의 영향력이 커지고 표현의 자유와 대중의 안목이 크게 신장되었다지만 우리 사회에는 여전히 예술작품의 음란·외설시비가 법적 논란으로 끊임없이 비화되고 있다. 1970년 성냥갑에 고야의 그림 '나체의 마야'를 넣은 업체의 경우 판매목적으로 제조했다면 명화를 음화로 만들었다며 유죄판결을 받은 이후 40여 년간 법의 잣대와 경직성은 크게 변하지 않았다.

1975년 염재만 작가의 소설 '반노'가 우여곡절 끝에 무죄로 판결난 이후 마광수 교수의 '즐거운 사라'(유죄), 연극 '미란다'(유죄), 장정일 작가의 '내게 거짓말을 해봐'(유죄) 등 문학과 공연 분야의 외설논란은 대부분 법의 제재를 받았다.

다양한 분야에서 식견과 경륜을 쌓은 인재들을 법조인력으로 양성한다는 로스쿨 제도에서 문학과 미술, 연극 같은 예술을 전공한 법관들이 이런 문제를 다룬다면 그때는 법의 눈높이가 변화할 수 있을까. '사회통념상 수치심을 유발하거나 성욕을 자극·흥분시킬 수 있는' 사안에 가해지는 문화예술의 유죄평결은 본질적으로 그 기준이 너무 모호하고 주관적이며 개인별로 편차가 크지 않은가.

종경도 놀이는 재미있고 유익하다

어느 식당. 가족인 듯한 4인이 들어오더니 잠시 무슨 음식을 먹을까 의논한다. 그러고 나서는 침묵. 음식을 기다리는 동안 그리고 식사 중에도 대화가 없다. 아버지와 어머니, 남매 등 네 사람 손에 들린 스마트폰이 그들의 대화와 소통, 교류를 대체하는 미디어였다. 밥을 먹으면서도 오로지 스마트폰 화면에 시선을 꽂고 아버지는 아마도 주식시황을, 어머니는 친구와 카톡, 딸은 음악감상 아들은 게임에 몰두하는 듯 말이 없었다. 그들이 대화를 다시 시작한 것은 계산을 끝내고 식당을 나서면서 각자의 행처를 이야기할 때에 이르러서였다.

흔히 볼 수 있는 이런 정경은 오늘 우리 사회 구성원간의 대화 결핍, 소통의 어려움을 보여준다. 나와 세계를 이어주는 친숙한 통로이자 나의 지배력이 어김없이 미치는 독립왕국의 기능을 담당하는 스마트폰의 어마어마한 영역은 어디까지일까. 구성원이 함께 즐길 수 있는 게임, 흥미와 교양 나아가 스릴까지 맛볼 수 있는 가족 오락 수단을 갖지 못한 채 저마다 나 홀로 세계로 빠져들면서 우리 사회 정신건강은 우려할 만하다.

이런 경우 전통오락이자 다양한 효과를 기대할 수 있는 종경도從卿圖 놀이를 떠올린다. 종정도, 승정도라는 이름으로 불리는 이 게임은 조선시대 주로 양반집에서 즐기던 실내 놀이. 기름 먹인 넓은 종이에 벼슬의 명칭을 품계와 종류별로 칸을 매겨 촘촘히 적어 놓고, 알이나 각진 나무를 굴려 나온 끗수에 따라 내외관직 각 벼슬을 오르내리면서 영의정에 올라가기도 하고 운이 없으면 귀양을 가거나 사약賜藥을 받는 놀이이다. 조선시대 관직의 직제에 대한 세밀한 지식과 구조를 익히면서 인간의 흥망성쇠가 가져오는 성취와 좌절을 체험함으로써 여러 교훈을 주는 놀이로 특히 한자 표현에 익숙하지 않은 젊은 세대들의 교양증진에도 도움이 될 만하다.

종경도 놀이 같은 옛날 유희를 복원하여 즐기는 일은 소외가 가중되고 가족공동체 해체가 우려되는 이즈음 나름의 여러 복합적인 의미를 가지고 있다. 무엇보다도 한 판 게임을 끝내기 까지 짧지 않은 시간 가족 간의 허물없는 대화, 예측불허의 승진과 좌천으로 환성과 탄식이 교차하는 등 무디어진 감정복원에도 이만한 놀이가 없을 듯하다.

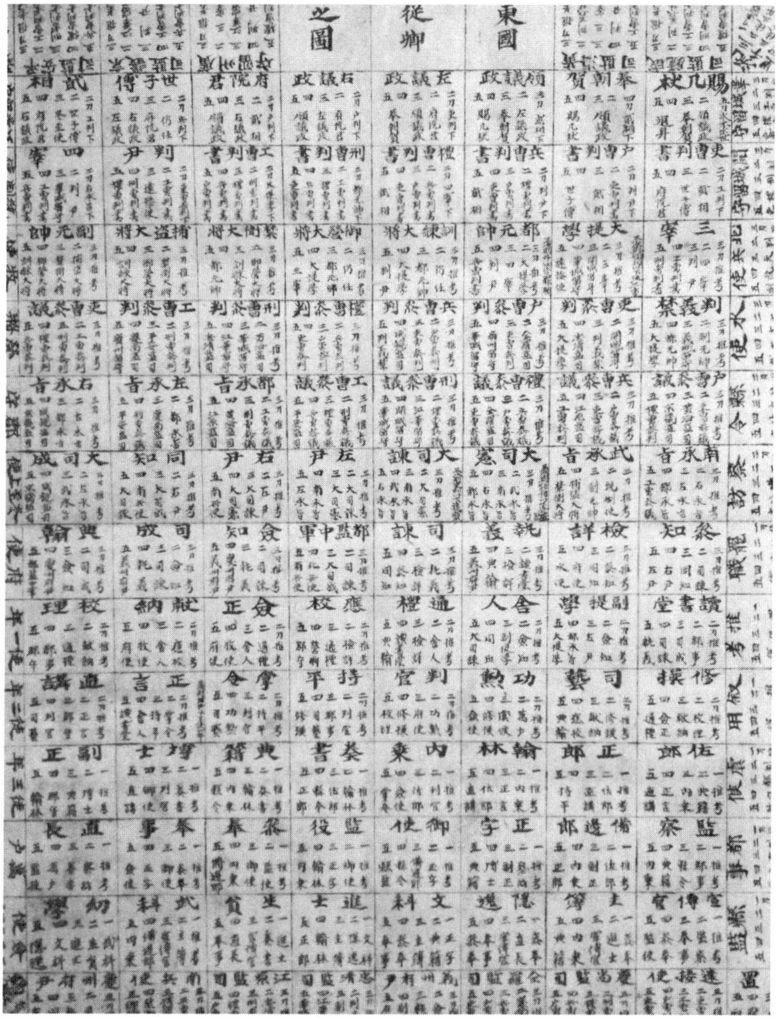

종경도(從卿圖)

사라지는 밥, 작아지는 밥공기

헤어지면서 "언제 밥이나 한 번 먹읍시다"라는 인사를 주고받지만 그 '밥'은 전통적인 개념의 '밥'이 아니다. 식사를 의미하는 총괄적인 대명사로 사용될 뿐 정작 우리의 주식이었던 쌀밥, 잡곡밥의 위상과 의미는 퇴색 일로에 있다. 세상이 바뀌고 사람들의 입맛과 생활환경이 변하면 식생활 패턴도 크게 달라지는 모양이다.

프랑스인의 주식은 여전히 바케트 빵. 프랑스 정부가 개당 1유로 이하로 가격을 묶어놓고 인상 여부를 단속하는가 하면 성분과 제조방법, 유통경로에 대한 철저한 감독이 이루어지는 것을 보면 유행에 민감하다는 프랑스인들의 주식은 여전히 바게트임이 분명하다.

통계청이 발표한 '2012양곡연도 양곡소비량 조사결과'에 따르면 우리나라 1인당 연간 쌀 소비량은 69.8kg으로 매년 격감 추세다. 밥 한 공기에 들어가는 쌀의 양을 130g으로 환산하면 하루에 한 공기 반도 채 먹지 않는 셈이다. 빵, 국수, 햄버거, 피자 등 온갖 대체식품과 즉석 가공식품 선호, 탄수화물 섭취에 따른 과도한 건

인도 뉴델리 시내 전통시장에 붙어 있는 우리 식재료 판매 광고

강 염려, 다이어트 열풍 같은 현상만으로 해석하기에는 뭔가 석연치 않은 대목이 있다. 하루가 다르게 천정부지로 치솟는 물가고 속에서 유독 식당의 공기밥만은 수십 년째 1000원을 고수하고 있는 것이 쌀 그리고 밥의 인기 하락을 보여주는 전형적인 반증이 아닐까.

'식보食補'라는 짧은 어휘가 상징하는 밥의 전통, 쌀밥의 비중과 의미는 어느 사이 저만치 밀려나 버렸다. 엄청난 쌀 재고가 쌓여 있는 가운데 일부 요식업소에서는 원가를 줄이기 위해 위생상태가 검증되지 않은 중국산 수입 찐쌀을 사용하는 등 쌀의 수난은 대립, 모순구도로 치닫는 우리 사회 혼란의 일단을 보여주고 있다.

다양한 연령층 100명을 대상으로 설문조사한 결과 빵을 선호하는 계층 32%, 밥은 68%로 나타났다. 아직은 밥이 비교우위라지만 젊은 세대들의 밥 기피 추세는 나날이 가파르게 증가하고 있다. 앞으로 우리는 주식을 무엇으로 꼽아야 할까.

밥의 수난, 쌀의 위상 추락에도 불구하고 외국에 거주하는 우리 국민들의 입맛은 여전히 일정한 전통범주 안에 머물러 있다. 세계 곳곳 교민이 어느 정도 모이면 반드시 들어서는 한국식당과 식품점이 그러하고 사진에서 보듯 인도 뉴델리 시내 전통시장에 붙어 있는 우리 식재료 판매 광고는 한 번 길들여진 입맛의 힘을 웅변하고 있었다.

아호雅號들 쓰십시다

족보를 살펴보면 필자의 이름 옆에 아명兒名과 자字라는 생소한 이름이 함께 적혀있다. 조부나 부친이 임의로 작명하여 넣은 듯한데 언제 봐도 여전히 낯설다. 특히 자字는 본이름 외에 부르는 별칭으로 예전에 이름을 소중히 여겨 함부로 부르지 않았던 관습이 있어서 흔히 관례冠禮 뒤에 본명 대신 썼다고 하는데 지금껏 한 번도 듣거나 사용한 기억이 없다.

오히려 30대 초반에 선배 문인이 지어주신 호號에 더 애착이 간다. 흔히 예의를 갖춘 표현으로 아호雅號라고 부르는데 본명이나 자字 이외에 허물없이 쓰기 위하여 지은 호칭이다. 작고하신 야석也石 박희선 시인께서 필자에게 지어주신 우강愚江이라는 호를 즐겨 사용하고 있다. 모든 것을 포용하며 유유자적 너그럽게 흐르는 강의 형상과 교훈을 기억하라는 깊은 뜻으로 주셨는데 제대로 부응 못하여 늘 죄송스러울 따름이다.

고령화 사회가 급속도로 진행되면서 '젊은 노인'들이 급증하는 이즈음 60, 70세가 넘은 분들이 서로의 맨이름을 부르거나 과거

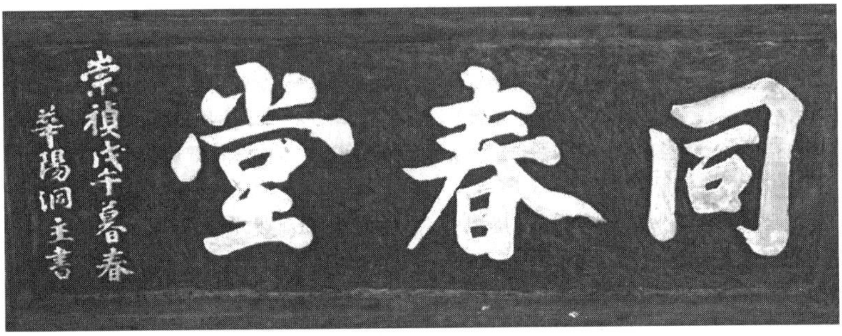

선현들의 아호가 갖는 깊은 함의와 여유 그리고 음절이 발산하는 묵직한 여운이 그 분들의 무게와 자취를 뚜렷이 보여준다

직장에서의 직함을 통용하기도 하는데 두 가지 모두 어색하고 부자연스럽다. 백발의 어르신들이 영철아, 정환아, 명숙아 하고 부르는 것도 그렇고 퇴직한 지 오래되었건만 김 이사, 이 전무, 박 부장 같은 직함도 적절치 않아 보인다.

이럴 때 아호가 쓸모 있지 않을까. 자신이 좋아하거나 연고가 있는 글자를 중심으로 발음과 의미 차원에서 적절한 음절을 덧붙인 아호는 자연스럽고 품격 있는 호칭으로 우리 문화의 독특한 콘텐츠로 보급할 만하다. 한자어가 생소하다면 순수한 우리말 아호도 얼마든지 있다.

평소 잘 알고 지내는 스승이나 선배, 친구들이 자신의 성격과 삶, 지향하는 가치관 등을 종합하여 붙여주는 아호는 인생 2모작,

후반부 인생을 함께하는 반려도 손색이 없다. 우암尤庵 송시열, 동춘당 송준길 선생 같은 우리 지역 선현들의 아호가 갖는 깊은 함의와 여유 그리고 음절이 발산하는 묵직한 여운이 그 분들의 무게와 자취를 선연히 보여준다.

허물없고 친근하게 불러주는 아호는 내 삶의 균형을 잡아주고 올바르게 처신할 수 있는 원동력을 제공할 것이다. 점차 건조하고 비정해지는 사회에서 천천히 아호를 부르며 인간의 격조, 소통의 의미를 일깨울 수 있지 않을까.

의사상자義死傷者 제대로 예우하자

영월군 쌍용역 구내에서 제설작업을 하던 이 역의 부역장이 구내로 진입하는 열차에 치어 숨졌다. 33년간 성실하게 근무하였고 정년퇴직을 불과 몇 달 남겨두지 않은 터여서 더욱 안타까웠다. 언론에 보도되지 않은 이런 공무수행상의 희생은 또 얼마나 않을 것인가. 특히 119 대원과 경찰, 군인, 환경미화원 등 직무상 위험 노출이 큰 직종의 경우 불의의 희생자에 대한 합당한 예우와 보상이 필요하다. 관련 규정이 있겠지만 그런 형식적 제도적 차원을 넘어 국가와 사회가 진정으로 감사할 줄 아는 의식 확산은 긴요하다.

10여년 전 영등포 역 구내에서 안전선을 넘어 선로로 다가가는 어린이를 밀쳐내 구하고 자신은 열차에 치어 두 다리를 잃은 '아름다운 철도원' 김행균 씨의 미담은 오래 기억된다. 김행균 역무원은 그 후 힘든 재활치료를 거쳐 현업에 복귀, 지금도 일선 역장으로 성실하게 일하고 있다.

자신의 업무에 충실한 사례가 크게 돋보이는 이유는 우리 사회에서 마땅히 해야 할 일을 제대로 하지 않는 풍조가 만연해 있는 까닭이다. 아름다운 역무원 김행균 씨의 선행은 두고두고 공직자의 귀감이 되도록 기억해야 할 터인데 쉽게 잊어버리는 사회 분위기 속에서 지금은 영등포 역 구내 자그마한 기념비에 새겨진 몇 줄의 기록이 당시 상황을 전해주고 있다.

공무원의 직무 수행 이외에 민간인이 자발적으로 보여준 의로운 행동은 또 다른 차원에서 사회의 등불이 된다. 모두들 자신의 안위를 걱정하면서 불의와 비행을 눈감고 지나치는 가운데 몸을

역무원 김행균 씨의 선행을 영등포 역 구내 자그마한 기념비에 새겨진 몇 줄의 기록이 전해주고 있다

던져 정의롭게 뛰어든 분들을 우리는 어떻게 바라보며 대하고 있을까. 생면부지의 일본인을 열차에서 구하고 목숨을 잃은 이수현 씨의 미담은 일본사회를 크게 감동시켰고 영화로 제작되어 숭고한 희생정신을 기억하고 있다.

나와 직접 연관이 없다 싶을 경우 짐짓 외면하는 세태 속에서 의사상자義死傷者는 최대한의 예우와 관심으로 현양해야 할 터인데도 현실은 여전히 초라하다. 청소년들의 부도덕한 행패를 꾸짖거나 바로잡기보다는 난폭한 보복이 두려워 못 본 체하는 지금의 현실은 사회혼란에 일조하고 있다. 특히 자신의 시신이나 장기를 기증하는 분들에 대한 각별한 예우는 국가나 지자체 차원의 묘역이나 추모공원을 조성하여 후세의 귀감으로 삼아야 하지 않을까. 계산하지 않고 몸을 던져 의로운 행동을 한 분들에 대한 최소한의 보답과 기억이 가능한 사회는 아직 멀었는가.

『삼국지』 고사성어, 지혜와 처세의 원천

동일한 사물과 현상을 바라보는 다른 시각은 예나 지금이나 변함이 없다. 가령 중국고전 『삼국지』에 대한 평가도 극명하게 엇갈린다. 인간과 사회, 세상살이의 핵심을 꿰뚫으며 지혜와 처세의 정석을 깨우친다는 긍정적인 평가와 더불어 오로지 패권을 거머쥐기 위한 약육강식의 잔혹하고 비정한 생존의 법칙이라는 부정적인 폄하 역시 만만치 않다.

그러나 『삼국지』는 교훈의 적절성과 유익성 여부를 떠나 방대한 규모와 다양한 영웅호걸들이 천하를 주유, 호령하는 스토리텔링만으로도 서사적 가치를 인정받는다.

한漢나라가 멸망하고 위魏 촉蜀 오吳 3국을 거쳐 진晉나라 통일에 이르기까지 파란만장한 역사를 아우르는 『삼국지』에는 바로 우리 곁에서 볼 수 있는 전형적인 인물형이 등장한다. 유비, 관우, 장비, 조조, 손권, 제갈량, 사마의, 조자룡, 동탁 같은 사람들의 인간 됨됨이와 처세 그리고 삶의 행적과 결말은 시간과 공간을 뛰어넘어 지금도 여전히 유효하다. 그들은 패권을 차지하기 위해 생사

인천 차이나타운에 조성된 『삼국지』 벽화 중 '도원결의'

를 건 투쟁을 벌이면서 갖가지 지략과 승부수, 모험을 동반하는데 여기에 얽힌 일화들이 지금까지 고사성어로 전해져 크고 작은 교훈을 준다. 계륵鷄肋, 고육지책苦肉之策, 괄목상대刮目相對, 반골反骨, 백면서생白面書生, 백미白眉, 삼고초려三顧草廬, 식자우환識字憂患, 읍참마속, 칠종칠금七縱七擒 같은 이름난 고사성어가 우선 떠오른다.

읍참마속泣斬馬謖. 제갈량은 마속의 재능을 높이 평가하여 유비의 유언을 어기면서까지 그를 중용했다. 그러나 마속은 제갈량을 따르지 않고 멋대로 싸우다가 위나라 사마의에게 패했다. 그리하여 제갈량은 마속을 아끼는 마음에도 불구하고 군율에 따라 목을 베어 본보기로 삼았다는 일화를 요약하는 한자어 네 글자는 지금과 같은 난세에 소중한 사회기강, 인간관계 철학으로 새삼스럽다.

〈사진〉의 장면은 유명한 '도원결의'桃園結義. 유비 관우 장비가 의기투합, 형제가 되었다. "마음과 힘을 합해 의리를 지키고 나라에 보답하면서 백성을 편안하게 하며 같은 때에 죽기를 소망합니다"라는 소박한 맹세는 배신과 변절, 야합이 아무렇지도 않게 횡행하는 이즈음 다만 낡고 순진한 처세의 표현으로 넘겨야만 할까.

『레 미제라블』에서 오늘의 세상을 읽는다

뮤지컬 영화 「레 미제라블」에 대한 관심이 높았다. 1862년 원작 발표 이후 벌써 열 번 가까이 영화화 되었고 특히 뮤지컬은 세계 4대 뮤지컬로 꼽히면서 대중적 인지도를 확보하였는데 사실 6권에 이르는 이 작품 원작 텍스트를 제대로 읽은 사람은 그리 많지 않을 것이다. 어린 시절 한 권짜리 다이제스트판이나 만화, 영화, 뮤지컬로 대강의 줄거리와 등장인물 이름 등을 알고 나서 작품을 이해한 것처럼 행세하는 것이 이른바 세계명작의 공통된 운명일 것이다. 이를테면 '읽히지 않는 명작'의 전형인 셈이다.

최신작 「레 미제라블」은 휴 잭맨, 러셀 크로우 같은 배우들의 중량감뿐만 아니라 이 작품의 주제인 박애, 연민, 단결 같은 추상적인 개념을 세심하게 구현하기 위한 여러 노력과 장치가 돋보인다. 부의 불균형, 경직된 법집행, 권력의 악행, 편견과 고정관념의 횡포, 성의 상품화, 서민과 가난한 사람들의 자구노력 그리고 궁극적으로 도래하는 선善과 구원의 힘 같은 매우 진부하지만 절실한 개념이 파노라마처럼 펼쳐진다.

2000년 프랑스 TF1에 제작한 TV시리즈 「레 미제라블」, 장 발장 역에 제라르 드파르디외(오른쪽)

굶주린 조카들에게 줄 빵 한 덩어리를 훔치고 거듭되는 탈옥 시도로 모두 19년을 복역한 뒤 출소하고서도 계속된 불신과 배척의 눈길에 고통받았던 장 발장에게서 이즈음 우리사회 생계형 범죄가 겹쳐 보인다. 가석방 도주범 장 발장을 끈질기게 추적하다가 장 발장이 자신의 목숨을 구해주었을 때 느낀 갈등과 번민 끝에 결국 센 강에 투신하는 자베르 경감에게서 우리는 공직자상의 또 다른 모습을 찾아본다. 온갖 비행과 악덕, 협잡을 일삼으며 끝끝내 끈질긴 생명력을 이어가는 악당 테나르디에 부부로부터 바로 우리 곁에 창궐하는 악의 축을 발견한다. 「레 미제라블」은 바로 오늘 우리가 목격하는 사회의 빛과 그림자를 보여주는 동시에 생명력 있는 여러 인간군상을 통하여 자신의 모습을 성찰하게 한다.

이 작품의 무대를 1789년 프랑스 대혁명이나 1848년 2월혁명 또는 1870년 파리 코뮌 당시 시민봉기로 잘못 알고 있는 경우가 많다. 그러나 이 작품은 왕정복고에 저항한 1830년 7월혁명이 무위로 끝나자 또 다른 시민혁명을 도모하던 궐기가 배경이다. 생존과 자존을 위해 분연히 일어섰던 파리 시민들의 처절했던 바리케이드 투쟁은 역사의 교훈, 역사의 우연찮은 순환과 반복을 웅변으로 때로는 상징으로 보여주고 있다.

어디까지 드러내고 어디부터 감춰야 하나

근래 특히 성 관련 범죄 증가 추세가 두드러진 탓인지 아니면 언론 집중보도를 통하여 사회적 경각심을 일깨우려는 노력 때문인지 하루가 멀다 하고 갖가지 유형의 사건사고가 보도되고 있다.

성매매 처벌 조항이 발효된 후 대책 없이 하수도를 막아놓아 상수도까지 오염시킨다는 풍선효과를 내세우며 일각에서는 성매매 부분적 합법화를 주장하기도 하지만 사회적 동의나 공감대를 얻지 못하고 있다. 이른바 야동을 내려 받거나 소지한 것만으로도 처벌 대상이 된다는 당국의 발표도 실효성 차원에서는 여전히 회의적이다. 이런 가운데 점차 낮아지는 성 관련 범죄연령에 관심을 가지고 효율적인 대비책을 마련해야 함에도 여전히 우리 사회는 전통적인 이중 잣대로 근본적인 문제해결에는 굼뜬 모습이다.

인터넷만 켜면 아무 제약 없이 노출되는 음란물의 홍수 속에서 학교와 사회의 성교육 수준과 부모들의 관심은 여전히 1980년대에 머물러 있다. '누가 가르쳐 주지 않아도 다 알게 된다, 우리 때도 그랬는데…' 하는 인식이 21세기 자녀를 둔 부모들의 공통된 생

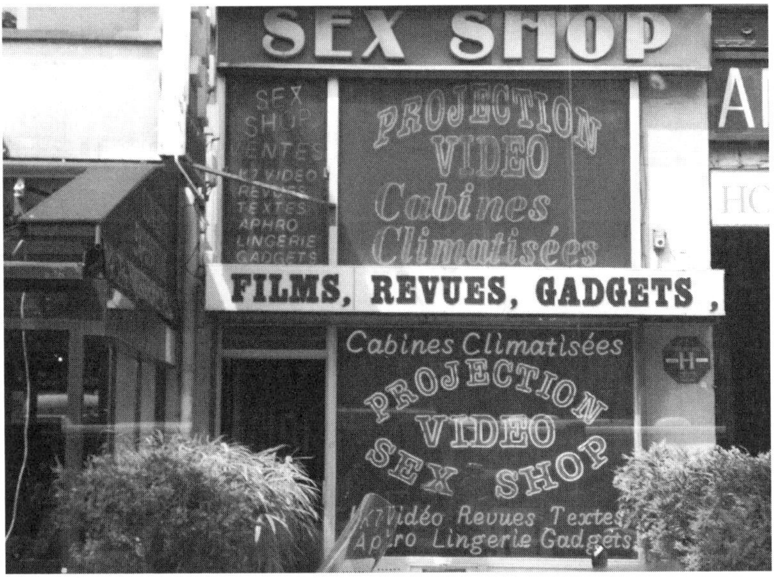

외국에서는 이미 사양산업이 되어버린 섹스숍

각이 아닐까. 과거 생물, 가정, 체육 또는 교련시간에 전공자가 아닌 교사들이 단편적으로 그것도 체계 없이 진행한 성교육을 받아온 기성세대들의 현실인식으로는 지금 같은 무방비 노출시대를 감당하기 버겁다.

어차피 드러낼 것은 공개하고 엄격한 통제가 필요한 대목에서는 법집행을 철저하게 이행하는 선택과 집중이 그래서 필요하다. 우리 사회에서는 성 관련 매체나 물품, 영업행위 그리고 행동과 담론까지도 아직 대부분 불법의 그늘에 묻혀있다. 인터넷으로, 빈번한 해외여행으로 외국 대중문화 유입이 더없이 활발해진 이즈음에도 아직 우리는 봉건시대인 듯 형식적인 금지와 단속 또는 이도저도 아닌 중립상태에 머물러 있다. 예를 들어 독신자들이 주로 찾는다는 성인용품 제조수입, 유통과 판매도 합법인지 불법인지 경계가 모호하다.

활발한 논의를 거쳐 적절 수위를 정하고 드러낼 것은 양지로 끌어내고 엄격한 관리와 통제시스템을 가동하면 일정 부분 문제해결이 가능하련만 여전히 쉬쉬하는 가운데 부작용만 불거진다. 외국에서는 이미 사양산업이 되어버린 섹스숍의 사례가 그렇다. 정식 영업신고를 하고 미성년자 출입을 엄격히 통제한다면 이런 분야의 수요를 일정부분 끌어들이면서 문제해결에 일조를 할 수 있지 않을까. 일본의 이른바 '풍속산업' 관리정책도 이 경우 참고할 만하다.

영화 제목 꼭 외국어로 붙여야 하나

상영되고 있거나 상영 예정인 영화 제목을 살펴봤다. 엔딩 노트, 굿 닥터, 더 스토리, 헤이츠, 저지 드레드, 가디언즈, 브레이킹 던, 아워 이디엇 브라더, 나우 이즈 굿, 아르고, 아무르, 웰컴 투 사우스, 니코, 라이프 오브 파이, 클라우드 아틀라스, 아임 낫 데어, 컨빅션…. 이 가운데는 쉽게 뜻을 알 수 있는 제목도 있지만 도무지 무슨 말인지 알쏭달쏭한 경우가 대부분이다. 영화를 포함한 상품의 브랜드는 내용과 특성을 함축적으로 요약하는 것이 마땅한데 근래 개봉되는 영화, 나아가 문화콘텐츠의 제목은 일부러 어려운 표기를 앞세워 소비를 유도하는 트렌드로 일관하고 있다.

원제목에서 따온 외국영화 이름은 그렇다 하더라도 국산영화에 붙인 외국어 제목은 무슨 효과를 노리는 것일까. 나의 P.S.파트너, 돈 크라이 마미, 타워, 음치 클리닉 같은 경우가 그렇다. 영화는 문화 장르 가운데 가장 대중적이고 연령, 학식, 취향의 편차를 넘어 수용되는 분야임에도 이렇듯 어려운 외래어, 주로 영어를 사용한 타이틀을 앞세우는 마케팅 전략의 의도는 무엇일까.

1967년 12월 서울 스카라 극장에서 개봉한 미국영화 「카쓰므」

그렇지 않아도 오염, 왜곡 일로를 치닫는 우리말의 수난이 심각한 상황에 이르렀는데 영향력이 크고 대중 전파력이 강한 영화에서 국적불명 제목 달기는 이런 혼란을 부풀린다. 영화제목에서 사회의 취향과 의식의 추이를 읽을 수 있다면 지금의 외국어 일색 제목은 우리가 겪고 있는 문화정체성의 위기를 극명하게 보여준다.

1967년 12월 서울 스카라 극장에서 개봉한 미국영화 「카쓰므」는 우스운 영화제목으로 오래 인용된다. 아프리카 수단의 도시 카르툼Khartoum이 원제목인데 일본식 발음 카쓰므를 당당하게 내세웠다. 찰턴 헤스턴, 로렌스 올리비에라는 걸출한 배우에 흥미로운 소재였음에도 완성도나 예술성, 흥행면에서 그다지 성공하지 못한 이 영화의 부진은 그래서 더 기억된다. 알랭 들롱이 주연한 프랑스 영화「트루아 옴므 아 아바트르」즉 '제거해야 할 세 남자'의 경우 개봉당시 우리말 제목은「호메스」였다. 긴 프랑스어 단어의 앞과 뒤를 가차 없이 잘라버리고 옴므hommes만을 떼내어 발음나는 대로 호메스라고 붙인 사례 역시 오역, 언어에 대한 무지의 일단을 보여주었다. 1960~70년대 이런 실수와 비교하여 이즈음 마구잡이 외래어 영화제목 남발은 문화의 진보일까 퇴보일까.

007 영화 50년, 어떻게 변해왔나

1960~70년대에는 중 고등학생 단체 영화관람이 활발했다. 별다른 문화 미디어를 접하기 어려웠던 시절 학교 통제 아래 진행되는 단체관람은 주로 미국 영화에 집중되었다. 당시 인기를 끌었던 할리우드 대작 영화 특히 고전이나 성서에 바탕을 둔 작품, 서부영화가 주류를 이루던 시기에 나타난 007 시리즈 관람은 청소년층에 단연 흥미로웠다.

1962년 처음 나온「007살인면허」가 그 이후 50여년 계속될 007 시리즈의 문을 열었다. 우리나라에서는「살인면허」라는 제목으로 개봉되었지만「닥터 노」라는 원제목처럼 지구를 정복하려는 악당 닥터 노와 영국 첩보원 암호명 007, 제임스 본드의 대결을 보여준다. 첩보영화라는 장르에 생소했던 당시 007시리즈의 인기는 폭발적이었다. 이언 플레밍 원작소설의 탄탄한 서사구조와 반전, 이야기를 풀어가는 솜씨도 대단했지만 주연배우 션 코넬리와 테렌스 영 감독의 호흡이 이 시리즈 장수비결이었다.

션 코너리에서 최근의 다니엘 크레이그〈사진〉로 이어지는 제임

스 본드 역의 계보는 시대취향과 작품 제작의 경험 축적을 반영하는 척도가 되었다. 초대 주인공 션 코넬리의 능글능글한 연기와 카리스마는 그 후 제임스 본드의 상징코드가 되어 왔지만 제6대 본드 다니엘 크레이그에 이르러 다소 변화의 조짐을 보였다. 어딘지 강팍하면서도 묘한 트라우마를 드러내는가 하면 이전과는 다른 독특한 분위기를 자아내는 다니엘 크레이그의 연기는 007시리즈의 변화를 압축한다.

이언 플레밍이 007 연작소설을 발표하던 당시는 미국과 소련의 냉전이 극에 달하여 주로 공산체제와의 대결에서 승리한다는 이데올로기 성향의 줄거리를 보였다면 1990년대 이후 007영화는 가상의 대결자, 즉 대단히 지능적인 최신과학시스템을 이용하여 지구를 파멸시키려는 망상에 싸인 악당을 척결하는 제임스 본드 활약에 초점을 맞춘다.

최근작 「스카이 폴」은 이런 트렌드에서 다소 비껴난다. 첨단장비 대신 주먹다짐과 구식 자동차며 칼이 등장하는 복고풍 설정과 주인공 캐릭터 강화가 두드러진다. 007시리즈가 50년간 세상의 변화와 취향을 대변하던 문화상품이었다고 한다면 곧이어 나올 작품들은 어느새 디지털 문명에 지친 현대사회의 피로를 내비치고 있는 것일까.

취업률에 전력하는 대학들

취업률이 부진할 경우 여러 제한을 가하는 교육부 조치로 전국 각 대학은 극심한 몸살을 앓고 있다. 날로 극심해지는 청년취업, 대졸 취업난을 타개하기 위한 나름 고육책이라고는 하지만 규모와 상황, 설립목표와 수준이 각기 다른 수백 개의 대학을 같은 잣대로 일률 평가하는 조치는 도무지 합리성을 찾기 어렵다.

1980~90년대 대학설립준칙주의에 따라 일정 기준만 갖추면 대학 설립을 대부분 허가한 정부의 근시안적인 행정이 불러온 부메랑 효과를 왜 대학들이 고스란히 감당해야 할까. 불과 20여년 뒤의 사회변화, 인력수급 구조 그리고 소모적인 출혈경쟁을 내다보지 못한 좁은 안목이 드러난다.

대학을 졸업하면 번듯한 직장을 얻어 경제적 사회적으로 독립을 하는 것이 마땅한 도리이다. 무위도식하며 고등교육의 혜택을 낭비하는 소수 나태한 젊은이들을 각성시키거나 제대로 된 교육, 운영을 게을리 하는 일부 대학에 대한 경고치고는 대단히 편협하며 기대효과도 미미한 까닭에 이런 조치는 머지않아 폐지 또는 수

정될 것이라는 전망이 지배적이다.

대학졸업 후 직장을 갖지 않고도 최소한의 경제적 수입에 만족하며 공부를 계속하거나 문화예술 창작 또는 심신을 수양할 수도 있고 가업을 이어받아 특화된 분야에서 일할 수도 있을 것이다. 지금처럼 4대 보험 가입 확인으로 취업 여부를 판단하는 맹목적인 척도로는 그렇지 않아도 열악한 대학교육, 운영여건을 더욱 피폐하게 만들 따름이다. 그럼에도 전국 각 대학은 온갖 방법을 구사하여 통계상 취업률 끌어올리기에 무한 소모전을 펼칠 수밖에 없다.

양질의 교육으로 훌륭한 인재를 양성하여 질 좋은 직장에 취업시키는 대학은 교육 소비자인 학생들과 학부모들이 먼저 알아본다. 정보 확산으로 부실대학, 비리대학들을 어김없이 가려내 배척하는 이즈음 정부의 이런 취업률제고 독려조치는 어떤 긍정적인 효과를 가져올 것이며 국가발전에 무슨 도움이 될까. 쥐꼬리만한 지원에 어마어마한 통제와 감독권을 행사하는 교육당국은 언제쯤 진취적인 선진행정 역량을 확보할 수 있겠나. 졸업 후 원하는 진로를 선택하기에 앞서 국가가 유도하는 취업전선으로 내몰린다면 자신의 삶을 스스로 설계할 수 있는 행복추구권이 침해되었다고 국가를 상대로 소송을 제기할 수도 있겠다는 생각이 든다.

저글링으로 상상력을 일깨우다

특이한 공연을 보았다. 충청지역대학 프랑스어문학과 공연페스티벌 개막 프로그램으로 프랑스 출신 스님이 벌인 저글링 묘기였다. 수브라 라는 이름의 이 스님은 20년 넘게 저글링를 연마해 오면서 나름 수행의 방도로 활용하는 듯하였다. 한 치의 오치도 허용하지 않는 정확한 거리측정과 감각, 운동신경이 뒤따라야 하고 담대성이 필요한 고난도 묘기였다. 이 스님의 경우 반복 숙달을 통한 단순한 재주의 과시라는 차원을 넘어 인문학적 감각과 상상력을 일깨우는 미덕을 동시에 보여주었다.

주먹만한 공 몇 개를 스스로 던지고 받으며 몸 주위로 굴리는 저글링 묘기와 함께 알파벳 A부터 Z까지 26가지 글자가 첫 번째 철자로 들어가는 여러 프랑스어 어휘를 외치면서 그 단어가 연상되도록 갖가지 동작과 표정을 지어보이고 적절한 소리까지 내는 대단히 어려운 작업이었다. 즉 A를 보여줄 때에는 사랑(아무르), 우정(아미티에) 같은 개념이 쉽게 떠오르는 다양한 제스처와 움직임 그리고 공 다루는 솜씨로 관객의 탄성과 공감을 자아낸다.

이 프랑스 스님은 20년 넘게 저글링를 연마해 오면서 나름 수행의 방도로 활용하는 듯하였다

공연 도중 몇 차례 공을 떨어뜨리는 실수를 했지만 그의 열정과 집중력 앞에서는 그다지 큰 흠결이 되지 않는 듯했다. 공을 놓친 것이 마치 예정된 순서인 듯 자연스럽게 주워 올리며 다음 동작으로 연결 짓는 품새도 예사롭지 않았다.

명사는 물론, 동사, 형용사, 숫자, 감탄사에 이르기까지 온갖 어휘를 구사하며 그 개념을 시연하는 움직임과 발성, 얼굴 표정 그리고 관객의 호응을 이끌어 내는 노련함은 어느 경지에 접어든 듯 하였다. 약 30여 분간 묘기를 선보인 스님은 지금까지는 공주 갑사에 있었는데 이제 또 다른 사찰로 옮겨 수행할 것이라는 말과 함께 표표히 공연장을 떠났다.

이즈음 인문학 열기를 타고 여러 형태의 강연, 콘서트, 참여행사가 봇물을 이루고 있다. 대부분 보고 듣는 일회성 차원에 그치고 있어 아쉬움이 남는 가운데 글자를 활용한 저글링 공연은 우리에게도 활용 여하에 따라 적지 않은 효과를 도모할 가능성을 보여준다. 한글 자음과 모음을 이용한 연상유도 저글링 묘기를 개발한다면 교육과 오락 차원에서 주목할 만한 콘텐츠가 될 것이라는 생각도 들었다. 이만큼 재미있고 유익한 인문공연이 또 있을까 싶었다.

잡지 <VSD>에 관한 추억

몇 년 전 프랑스에서 그때 막 창간된 잡지 <VSD>를 처음 대했을 때의 느낌은 무척 신선했다. 주간, 월간 잡지 천국이랄 수 있는 프랑스 잡지시장에서 <VSD>라는 잡지는 얼핏 보면 흔한 주말용 레저위주 간행물에 지나지 않았다. <VSD>라는 제호는 금요일, 토요일, 일요일을 의미하는 프랑스어 Vendredi, Samedi, Dimanche의 앞 글자를 따온 합성어인데 이름 그대로 주말에 벌이는 다양한 취미, 여가활동과 여행 등에 관련한 정보를 제공하는 것이 이 잡지의 주목적이었다. 별로 알려지지 않은 관광지와 맛집, 지역특산품 그리고 이런저런 여가정보를 깔끔한 편집과 비주얼 감각이 돋보이는 편집으로 엮어 적당한 가격으로 구입이 가능하였다. 한동안은 이런 본래의 취지에 충실한 듯하였다.

워낙 잡지 간 경쟁이 치열하고 독자의 눈길을 끌기 위한 무한경쟁에 돌입한 유럽 잡지시장에 이른바 옐로 페이퍼 색채를 두드러지게 만든 것은 영국의 주간신문들이었다. 파파라치라는 이름의 카메라맨들이 찍어온 인기인, 유명인, 정치인들의 사생활 사진을 표지에 큼지막하게 싣고 선정적인 제목을 뽑아 눈길을 끄는 수법은 지금도 여전하다. 〈더 선〉 같은 간행물이 그 대표적인 경우인데 이런 신문에는 일정 숫자의 고정 독자가 형성되어 나름 운영을 해간다고 한다.

몇 년간 잊고 있던 〈VSD〉 잡지가 다시 눈에 띈 것은 이 잡지 표지에 실린 프랑스 대통령 올랑드와 동거녀 트리에르바일레의 수영복 차림 사진이 물의를 빚으면서였다. 제법 참신한 품격을 자랑했던 잡지가 왜 이런 사진을 실었을까 의아했다. 잡지, 나아가 출

판물 전반의 경기침체에 따른 자구책일까, 그사이 잡지의 편집방침이 바뀌었나, 이번 호만 예외적이었을까 여러 추측을 해봤지만 평소 착실했던 친구 하나가 그다지 바르지 못한 길로 빠진 모습을 본 듯한 느낌을 지울 수 없었다.

전통적으로 유명인 특히 정치지도자들의 사생활에 대단히 너그러운 프랑스인들이 이런 사진을 보고 어떤 생각을 했을까. 1970년대 프랑스 대통령을 지낸 지스카르 데스탱은 누구보다도 매스컴을 통한 여론조작에 관심이 컸는데 스스로 수영복 차림의 사진을 공개하여 대중적인 이미지를 심는데 성공했다. 아무 생각 없이 파파라치에게 찍힌 올랑드 대통령 커플의 물색없는 휴가 모습을 바라보며 지도자의 생활이 무척 고단할 것이라는 생각도 함께 해봤다.

'거꾸로 가는 생'

거꾸로 가는 생은 즐거워라/ 나이 서른에 나는 이미 너무 늙었고 혹은 그렇게 느끼고/ 나이 마흔의 누나는 가을 낙엽 바스락대는 소리만 들어도/ 갈래 머리 여고생처럼 후르륵 가슴을 쓸어내리고/ 예순 넘은 엄마는 병들어 누웠어도/ 춘삼월만 오면 꽃 질라 아까워라/ 꽃구경 가자 꽃구경 가자 일곱 살배기 아이처럼 졸라대고/ 여든에 죽은 할머니는 기저귀 차고/ 아 등에 업혀 침 흘리며 잠들곤 했네 말 배우는 아기처럼/ 배냇니도 없이 옹알이를 하였네……

– 김선우, 「거꾸로 가는 생」 부분

1960~70년대 젊은이들은 민감한 시국사안 또는 세계명작을 놓고 밤새 토론을 벌이곤 했다. 뚜렷한 결론이 날 수 없는 막연한 주제였지만 열기는 대단했고 밤을 하얗게 새운 뒤 새벽에 밖으로 나오면 머리는 맑고 정신은 충일감에 넘쳤다. 장광설, 열변을 토하며 인간, 사회, 사랑, 정의 같은 추상적인 화두를 넘나들며 청춘의 힘을 확인하였던 것이다.

1990년대 특히 2000년 들어 젊은이들은 취업난에 눌려 광범위한 독서나 토론, 글쓰기에서 점차 멀어졌다. 토익과 토플, IT 관련 자격증과 인턴 같은 경력 쌓기에 몰두하여 교양 독서와 토론, 자신의 생각을 조리 있게 피력하는 능력에서 멀어져 간다. 형이상학적인 주제나 포괄적인 개념에 생소할 뿐더러 자신과 직접적 관련이 없다 생각하면 단호히 배척하는 것이다.

젊은이들은 그러는 사이 점차 조로해 간다. 감정기복이 별로 없는 가운데 경험해보지 못한 일도 나름 다 안다는 듯 냉소를 보낸다. 학점, 취업, 자격증, 스펙 같은 몇 가지 범주로 스스로의 젊음을 가둘 수밖에 없는 것이다. 냉혹한 사회의 문턱을 넘기 위해 애쓰는 사이 창의성과 상상력, 비판정신과 감성의 꽃잎은 시들어 간다.

고령화 시대의 급속한 진전으로 노령인구의 사회진출과 활동이 늘었다. 적극적인 의지로 재능기부, 봉사 같은 밝은 일에 헌신하시는 분들이 있는가 하면 욕망과 본능이 절제되지 않아 사회비리나 부정, 범죄에 연루되어 삶의 황혼기를 어지럽히는 경우 역시 점차 늘어간다.

젊은이다운 젊은이, 노인다운 노인이 제 위치에서 조화롭게 공생하려면 김선우 시인이 역설적으로 노래한 '거꾸로 가는 생'을 돌이킬 수 있는 제도적 장치와 사회적 공감대 조성이 필요하지 않을까.

‘독서의 해’를 아십니까

2012년이 ‘독서의 해’였다는 것을 알았던 국민이 얼마나 될까. 문화체육관광부를 중심으로 적지 않은 예산을 들여 이런저런 행사를 진행하면서 책 읽는 사회를 조성하겠다는 취지라고 한다. 주무부처에서는 “2012년을 ‘독서의 해’로 지정하여 책 읽는 사회 풍토를 조성하고 이를 통해 국민의 독서력 향상과 독서에 대한 범국민적 관심 제고를 위한 다양한 독서활동을 추진한다”라고 독서의 해의 의미를 부연한다. 국민의식 수준이 더없이 높아지고 감각이 세련되고 있건만 정부에서 표방하는 사업을 설명하는 문구나 컨셉트는 여전히 1960~70년대 계몽시대에 머물러 있다. 책읽기만큼 감성에 좌우되기 쉬운 행위도 흔치 않은데 왜 이렇듯 고색창연한 권위적, 추상적 어휘로 충만한 문구는 변함이 없을까.

행정력이 가장 쉽게 전달되고 인원동원 측면에서 수월한 학생과 군인들이 독서의 해 성과 통계지표에 기여하는 충실한 인력이 되었을 공산이 크다. 자발적 참여가 수월치 않은 행사성 이벤트, 실질적인 효과가 검증되지 않은 여러 사업, 위원으로 이름을 올린

독서 관련 여러 단체 간부들의 면면 등도 여전히 새롭지 않다. 책읽기의 유익함을 알리고 국민독서의식을 고취한다는 목적 수행을 위해서는 파격적 접근이나 발상의 전환이 그래서 아쉬운 것이다.

책읽기의 이로움을 누가 모를까. 여건과 환경이 여의치 않고 책이 주는 직접적인 실익을 피부로 느끼기 어려워서 또는 팍팍한 세상살이가 힘겨워 책읽기를 실천하지 못하는 현실에서 무엇보다 범사회적으로 자투리 시간으로 '독서시간'을 만들어 일과 중 필수 시간으로 도입하는 것이 중요하다. 하루 20분 독서로 1년에 12권 책을 읽자는 캠페인이 그것이다. '바빠서 책 읽을 시간이 없다'고 말하지만, 실제로는 독서 동기유발, 독서습관 부재가 근본 원인이 아닐까.

1일 1식, 1일 5식

1950년대 이후 특히 인간이 달에 착륙한 1960년대에는 약 50년 뒤, 즉 2010년경에 이르면 종전의 식사 형태를 벗어나 알약이나 튜브로 된 음식을 상용할 것이라고 전망하였다. 온갖 영양소가 들어있는 튜브를 짜먹으며 식사를 대신하던 우주인들의 모습에서 그런 예측을 했던 모양이다. 조그만 캡슐이나 알약 하나로 균형 잡힌 하루치 영양소를 공급하고 나아가 포만감까지 불러올 것이라고 상상하였던 것이다. 그러나 막상 2012년 오늘 식사대용 알약은커녕 세상은 갖가지 음식으로 차고 넘친다.

매스컴에는 맛집, 별미, 유명 조리사를 소개하는 콘텐츠가 넘쳐나고 사람들은 보다 맛있는 음식을 찾아 시간과 노고, 경제적 지출을 마다않는다. 굽고 볶고 지지고 삶고 튀기고 찌고 데치고 무치는 등 조리과정이 상대적으로 복잡한 한식 분야에서는 특히 많은 소요시간과 남은 음식물 처리로 환경오염이 우려되지만 여전히 맛집은 북새통이고 음식점 경쟁구도는 극명하게 엇갈린다.

최근 번역 출간된『1일 1식』이라는 일본인 나구모 요시노리의 저

터키 전통음식

서는 하루 한 끼로도 충분히 균형 잡힌 건강을 유지할 수 있다고 주장하면서 하루 세끼는 오히려 우리 몸에 독이 된다고 조목조목 예를 들어 역설한다. 이 책의 논리대로 하루 한 끼 식사가 보편화되면 사회구조에 엄청난 변화가 생길 것이다. 요식업 경기는 물론 인간관계, 가족생활 스타일은 물론 사회전반의 트렌드에 까지 영향을 미칠 것은 분명하다. 먹는 즐거움을 감소시키는 이런 제안을 얼마나 받아들일지도 알 수 없다.

반대로 음식 전문가 크리스토퍼 울프는 빠른 속도로 전개되는 현대생활 패턴에 영양 관련 프로그램이 결합되어 21세기에는 '1일 5식'이라는 새로운 식습관이 등장할 것이라는 예측을 내놓은 바 있다. 하루를 시작하면서 새벽밥, 오전 10시 활기를 얻기 위해 취하는 짧은 휴식인 펄스 브레이크, 오후 4시 정찬, 오후 8시 간단한 저녁식사 그리고 심야의 밤참으로 구성된다. 노동과 가족구조의 변화가 식사 형태에 영향을 끼칠 것이라는 전망 아래 제기된 이 예측의 실현 가능성 역시 아직 미지수이다. 그러나 하루 한 끼건 하루 다섯끼건 지금과 같은 전통적인 '1일 3식' 구조에 벌써 크고 작은 변화가 오고 있는 것만은 확실해 보인다.

구타의 추억

고등학교 동기동창 모임에 약 100여명이 모였다. 당시 은사님도 열 분 초대했다. 한 분 한 분 얽힌 추억이 아직 생생한 가운데 단연 주목받는 선생님들은 두 분. 약 30cm 정도의 PVC 막대기를 항시 휴대하고 좌충우돌 체벌구타를 일삼았던 분과 도구를 사용하지 않고 손과 발로 엄청나게 때렸던 다른 한 분을 어찌 잊으랴. 그 분들도 이제는 쑥스러운 듯 가급적 구타에 관해서는 에둘러 언급을 피하셨다. 어떻게 그렇게 무지막지하게 때릴 수 있었을까 싶다. 나름의 명분이야 있었겠지만 그 구타는 거의 잔인한 폭행 수준이었고 교육적 배려라고는 찾기 어려웠다.

100년이 넘은 역사를 자랑하는 이른바 명문고교에서 너나없이 매 맞은 기억은 그렇게 참담하고 살벌했다. 지금 같았으면 동영상 촬영으로 증거를 남기거나 학부모를 동반하여 항의, 진정, 고소하고도 남을 정도의 체벌이었지만 원색적인 욕설 한두 마디와 함께 이내 툭툭 털고 앙금을 씻었다. 8학급 480명 동기 중 맞지 않은 친구가 몇이나 되었을까. 교사의 개인적 스트레스나 다른 정신적

얼차려 상황 재연

기제가 개입되지나 않았나 할 정도로 참으로 엄청난 폭행폭언이었다.

이런 구타는 그 후 군대 훈련기간에도 또 다른 방식으로 되풀이되었다. 전국각지에서 모여든 훈련생들의 정신 상태를 개조하여 훌륭한 장교를 만든다는 명분이었는데 이 역시 교육적 목적, 정신무장과는 거리가 먼 가혹한 폭력 차원이었다. 훈련기간이라지만 장교후보생들에게 가하는 인격적 모욕과 육체적 고통에서 합리성이나 기대효과를 가늠하기 어려웠다. 더운 여름날 야구방망이로 수없이 맞아 상처가 팬티에 들어붙어 오랜 기간 씻지 못할 정도의 구타는 이미 교육용 차원을 넘어섰던 것이다.

30여 년 전 체벌을 가했던 훈육관, 구대장들과 지금도 만나면 즐거운 추억으로 회상하곤 한다. 〈사진〉은 끔찍했던 구타와 얼차려 상황을 재연해보며 임관 후에 희희낙락 웃으며 찍은 모습이지만 동기생 가운데 앙심을 품거나 부정적인 기억으로 남아있는 사람은 드물다. 요컨대 학생이므로, 군대니까 으레 그러려니 감수했던 것이다. 당시에 비해 훨씬 강도가 약해졌을 요즘 학교체벌, 군대에서의 과잉기합으로 인한 이런저런 논란을 본다. 폭력, 구타의 잔재가 하루바삐 청산되어야할 시대착오적인 악습인지 혹은 과잉보호 속에 성장한 신세대들의 나약함과 참을성 부족의 노출인지 여러 생각이 든다.

학교로 데려가기, 학교에서 데려오기

벌써 20여 년 전, 연구년 기간 중 프랑스 파리에 체류하였는데 이런저런 절차로 초기 정착에 적지 않은 고생을 하였다. 생활용품 장만도 만만치 않았고 체류증 신청 역시 여간 까다롭지 않았다. 다행히 아이들 학교 입학만은 대단히 수월해서 도착한 다음날 아무 서류 없이 바로 입학이 허가되어 수업을 받게 되었다. 점심 급식비는 부모의 수입에 따라 차등 부과되었고 아이들이 그 내역을 모르도록 각별히 배려함은 물론이다.

우리나라 각급 학교의 수업량, 학습수준에 비해 너무 헐렁해 보이는 교과과정과 진행 내용도 인상적이었다. 박물관 미술관 견학과 실습, 수영장과 체육시설에서 운동, 공원 등에서의 야외수업, 겨울 스키여행같이 다양한 프로그램도 그러하고 교실 수업도 토론과 시 암송, 퀴즈 같은 독특한 방식으로 이루어졌다. 교사는 지식 주입보다는 진행자로서 문제 제기와 적절한 코멘트 그리고 간결한 결론과 요약 등에 충실하였다.

대체로 만족할 만한 학교생활이었지만 아침 8시 등교와 오후 4

아침 8시 등교와 오후 4시경 집에 돌아오는 길에는 반드시 부모나 학교에 등록된 보호자가 와야만 아이들을 문밖으로 내보내는 전통 때문에 직장에서 일을 하다가도 틈을 내어 자녀들을 데리러 학교로 달려 가야하는 것이 프랑스 부모들의 일상이 되었다

시경 집에 돌아오는 길에는 반드시 부모나 학교에 등록된 보호자가 와야만 아이들을 문밖으로 내보내는 것이었다. 이런 전통 때문에 직장에서 일을 하다가도 틈을 내어 자녀들을 데리러 학교로 달려 가야하는 것이 프랑스 부모들의 일상이 되었다. 낯익은 얼굴이 교문밖에 없으면 다시 학교 안으로 데리고 가 보호자가 올 때까지 머무르게 하는데 이런 관행에 익숙한 학부모들은 오히려 이 기회를 자녀들과의 대화나 교류의 기회로 활용하는 듯하였다.

왜 이런 전통이 생겼는지 명쾌한 설명을 들을 수 없었다. 다만 오래전부터 그래왔으므로 그리 한다는 대답이었다. 아마도 그 언젠가 등하교길 아이에게 참담한 위해가 가해진 사건이 일어났기 때문이 아닐까하는 추측도 해봤다. 결과적으로 부모와 자녀간의 자연스러운 소통과 교감 채널이 확보되어 여러 바람직한 효과를 가져오는 것만은 분명했다. 황폐한 심성과 느슨한 사회안전망으로 인해 어린이들을 대상으로 하는 강력범죄가 급증하는 이즈음 우리도 초기 여러 어려움이 있겠지만 이런 제도 도입을 시범적으로 고려해볼만 하지 않을까. 맞벌이 부모나 보호자 확보가 어려운 가정에서는 자원봉사 제도를 활용할 수도 있을 것이다.

비빔밥과 스시

프랑스 요리하면 흔히 떠올리는 달팽이는 메인 요리가 아니다. 입맛을 돋우기 위해 간단히 먹는 엉트레(前菜)의 하나로 큼지막한 식용 달팽이를 미리 꺼내 파슬리, 마늘, 버터 등으로 조리한 뒤 다시 껍질 속으로 밀어 넣어 식탁에 올린다. 전용 집게와 포크를 사용하여 내용물을 빼먹는데 달팽이 크기로 움푹하게 파여진 전용 접시, 쟁반에 담겨 나오게 된다.

그렇다면 어떤 음식을 이 나라 대표선수로 꼽아야 할까. 이렇다 할 품목이 쉽사리 떠오르지 않는다. 다양한 식재료로 원료 그대로의 풍미를 살리면서 적절한 소스를 곁들여 화려한 장식으로 제공되는 프랑스 음식은 그리하여 개별음식 차원을 넘어 식도락 자체가 유네스코 문화유산에 등재될 만큼 광범위한 개념으로 자리 잡았다. 물론 소고기나 닭에 붉은 와인을 듬뿍 넣고 졸인 뵈프 부르기뇽, 코코뱅 같은 음식이 대중적이지만 그것을 프랑스 대표요리라고 부르기에는 이래저래 망설여진다.

일본의 경우 단연 스시 또는 사시미라는 특정 품목으로 집약된다. 스시는 꽤 오래전부터 유럽과 미국에서 건강식으로 명성을 얻었는데 유럽 대형서점에서는 조리법이 실린 책자, 김밥말이 발, 칼 그리고 젓가락이 세트로 상자에 담겨 판매되고 있다. 해외 각국 일본문화원에서는 스시 강습이 활발히 진행된다. 스시는 건강에 이롭고 맛있다는 인식으로 포장되어 비싼 음식으로 선호도를 더욱 높여가는 중이다. 다양한 재료로 형형색색 화려한 스시는 우선 시각적, 미학적 측면에서 일정 점수를 따고 들어간다.

여기에 견줄만한 우리 음식을 생각해본다. 전통적으로 불고기, 김치, 비빔밥 등이 우선 떠오르는데 세계화를 위해 제각기 넘어야

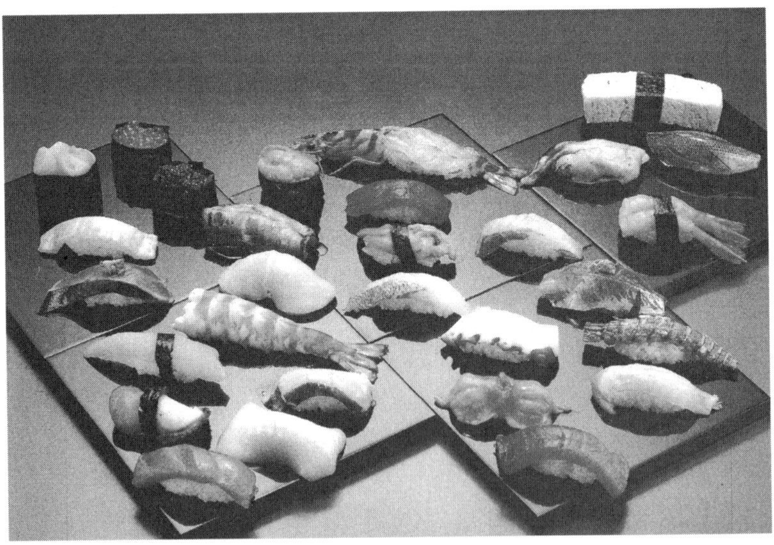

할 산이 적지 않다. 우선 비빔밥이 해외나 특히 항공기 기내식 등에서 선호되는 우리 음식으로 꼽힌다. 비비기 전에 고명을 얹은 모양새는 그런대로 화려하고 때깔 있어 보이나 일단 비비고 나면 형상과 느낌은 달라진다. 서양에서는 쌀과 밥을 주식이 아니라 채소개념으로 취급하는 것도 그렇고 고추장에 치우친 소스 개발도 비빔밥 세계화의 과제로 남는다. 외국인들이 젓가락으로 비비는 것만큼은 오히려 밥의 입자를 파괴하지 않는다는 차원에서 바람직해 보인다.

유럽에 상륙한 K-pop 붐에 힘입어 비빔밥이 새롭게 관심을 끄는 이즈음 보다 과학적이고 손쉬운 레시피 보급과 조리, 시식상의 이런저런 어려움을 해결하는 과제가 남겨졌다.

성씨姓氏에서 문화를 읽는다

열차에서 옆 좌석 외국인과 이야기를 나누게 되었다. 마침 프랑스인이라 두어 시간 남짓 여러 화제로 담소 후 종착역에서 헤어질 때 비로소 통성명을 하였는데 그의 성은 포드뱅Potdevin. 대단히 희귀한 성이었다. 지금껏 수십 년간 프랑스인들과 교류하고 있지만 포드뱅이라는 성은 처음 접했다. 그 스스로도 자기 성은 드물다고 약간 겸연쩍은 웃음을 지어보이며 헤어졌다.

포드뱅, 우리말로 옮기면 술단지, 포도주를 담는 통… 이런 뜻인데 아마도 선조가 포도주 관련 직업에 종사하신 연유로 추측해본다. 널리 알려진 대로 유럽인 성은 조상들의 직업에서 유래한 경우가 많다. 영국에서는 재단사를 지칭하는 테일러, 대장간에서 일하는 스미스 같은 경우가 대표적이고 프랑스인들은 샤르팡티에(목수), 르베리에(유리제조업), 플라시에(교회에서 좌석 안내 담당)같이 고색창연한 가문 명칭에서 그 옛날 삶의 모습을 짐작해본다.

주거하거나 활동하던 지역과의 연관성으로는 일본인 성이 으뜸으로 꼽힌다. 나카무라(가운데 마을), 하시모토(다리 밑), 다나카(밭 가

1. 김해김씨(金海金氏)-4,124,934
2. 밀양박씨(密陽朴氏)-3,031,478
3. 전주이씨(全州李氏)-2,609,890
4. 경주김씨(慶州金氏)-1,736,798
5. 경주이씨(慶州李氏)-1,424,866
6. 경주최씨(慶州崔氏)-976,820
7. 진주강씨(晋州姜氏)-966,710
8. 광산김씨(光山金氏)-837,008
9. 파평윤씨(坡平尹氏)-713,947
10. 청주한씨(淸州韓氏)-642,992
11. 안동권씨(安東權氏)-629,291
12. 인동장씨(仁同張氏)-591,315
13. 김녕김씨(金寧金氏)-513,015
14. 평산신씨(平山申氏)-496,874
15. 순흥안씨(順興安氏)-468,827
16. 동래정씨(東萊鄭氏)-442,363
17. 달성서씨(達城徐氏)-429,353
18. 안동김씨(安東金氏)-425,264 (구)
19. 해주오씨(海州吳氏)-422,735
20. 전주최씨(全州崔氏)-392,548
21. 남평문씨(南平文氏)-380,530
22. 남양홍씨(南陽洪氏)-379,708 (당홍계)
23. 창녕조씨(昌寧曺氏)-338,222
24. 제주고씨(濟州高氏)-325,950
25. 수원백씨(水原白氏)-316,535
26. 한양조씨(漢陽趙氏)-307,746
27. 경주정씨(慶州鄭氏)-303,443
28. 문화류씨(文化柳氏)-284,083
29. 밀양손씨(密陽孫氏)-274,665
30. 함안조씨(咸安趙氏)-259,196
31. 의성김씨(義城金氏)-253,309
32. 창원황씨(昌原黃氏)-252,814
33. 진주정씨(晋州鄭氏)-238,505
34. 나주임씨(羅州林氏)-236,877
35. 여산송씨(礪山宋氏)-232,753
36. 남원양씨(南原梁氏)-218,546
37. 연일정씨(延日鄭氏)-216,510
38. 청송심씨(靑松沈氏)-212,717
39. 평택임씨(平澤林氏)-210,089
40. 은진송씨(恩津宋氏)-208,816

운데), 모리시타(숲 아래), 이노우에(우물 위)같이 유난히 특정 장소와 위치를 나타내는 문자를 성으로 삼고 있으니 문화, 사회사적으로 연구해 볼 만 하다. 토요토미(豊臣), 토쿠카와(德川)같이 비교적 전통 있는 특정 가문에서는 이런 지역, 위치 이름에서 다소 벗어나는 추상적인 성을 쓰고 있어 대비된다.

서양에서는 이름과 성이 엇갈려 쓰이는 경우도 많다. 같은 어원인 찰스, 샤를, 칼Charles, Karl 등은 이름에 많이 쓰이는데 이것을 성으로 사용하는 것이다. 홍길동이라는 이름에서 길동을 성으로 쓰는 사례이다. 외국의 이런저런 성씨 풍습에 비하여 우리의 가문 내력과 이를 기록한 족보 그리고 주로 오행설을 활용하는 돌림자(항렬) 전통은 독특한 씨족문화의 표상으로 전승할 만하다.

근래 우리말 이름 선호, 항렬자 기피 등 급격한 이름문화의 변화로 오래 이어온 문화유산의 멸실이 우려된다. 우리나라 족보와 돌림자 풍습은 유네스코 세계문화유산에 등재할 만한 독특한 무형문화재이건만 요즈음 아무런 성찰 없이 마냥 팽개쳐지는 듯하여 아쉬울 따름이다.

시내버스에서 읽는 시詩 한 편

살기 힘들고 바쁜데 시詩가 무슨 소용 있느냐고 묻는다. 재미있는 게 얼마나 많은데 시는 어렵고 고리타분할 뿐더러 알쏭달쏭하다는 것이다. 그러나 시는 여러 문화 창작물 가운데 가장 역사가 길고 삶 가까이서 성장해왔다. 영상미디어의 비약적인 발전으로 시가 누려온 종전의 위상과 영향력이 많이 쇠퇴했지만 시의 힘은 여전히 우리 주위에 포진하면서 위로와 활력, 새로운 느낌의 공감대를 선사하고 있다.

> 나는 시를 썼지요/ 그러나 바람에 날아가 버렸어요/ 나는 시를 썼지요/그러나 빗물에 지워져 버렸어요/ 나는 시를 썼지요/ 그런데 그걸 잊어 버렸어요/ 그래서 나는 시를 다시 썼습니다. 그리고 이번에 쓴 시는 간직하고 있습니다.
>
> –「어떤 시」 전부

프랑스 파리 시내버스 뒤쪽 출입구에 붙어있는 패널 시화 작품이다. 우리나라에서도 지하철 역 등에 기성시인들의 시를 붙여놓

프랑스 파리 시내버스 뒤쪽 출입구에 붙어있는 패널 시화 작품

은 곳이 더러 있지만 대체로 교체시기가 신속하지 않고 마지못해 모양새로 갖추어 놓았다는 느낌이 강하게 풍긴다.

파리 시내버스에 게시한 시화는 내용도 다양하고 어린이부, 성인부 등 각 부문별로 정성스럽게 시화로 만들어 선보이고 있다. 위에 인용한 시는 2012년 콩쿠르에서 뽑힌 어린이 부문 그랑프리 작품인데 단순하고 소박한 어휘반복 속에 순수한 동심이 묻어난다. 이런 게 시가 아닐까.

나름의 감성으로 생각은 떠오르지만 삶에 쫓기며 한 뼘의 여유를 가지지 못해, 또는 시에 대한 선입관으로 계기가 이루어지지 못할 뿐 누구에게나 크고 작은 시적 재능은 잠복하고 있다. 시내버스 출입문에 문학콩쿠르 입상작을 붙여두는 다른 나라 문화감각이 부럽다. 촘촘히 광고로 도배해 놓은 우리 대중교통 운영기관에서 눈여겨 볼만하다. 우선 지자체가 후원하는 백일장 대상, 최우수, 우수작 등 입상작을 번갈아가며 시내버스나 지하철에 큼지막하게 걸어놓았으면 좋겠다.

시는 읽고 나서 그냥 "좋다!" 하고 느끼면 충분하다. 그런 걸 가지고 주제, 소재, 지은이의 의도 등을 따져가며 "밑줄 쫙" 식으로 분석, 해부하던 입시공부 기억이 시에 대한 부정적인 관념을 부추기지는 않을까. 삶이 하고 더위가 짜증날수록 여유를 찾아 시 한 편을 읽어보자. 각급 지자체에게는 시민들에게 그런 문화서비스를 제공할 의무가 있지 않겠는가.

어떤 라이벌이 되어야 하나

1950년대 이후 궁핍하던 가운데 부족한 식료품, 식재료로 풍성한 맛을 낼 수 없던 당시 '미원'은 긴요한 조미료의 대명사였다. 지금은 경원하는 화학조미료로 천덕꾸러기 신세지만 그 당시에는 음식 조리의 필수 품목으로 전성기를 구가했다. '우리 언니 뽐내는 요리 솜씨도 알고 보니 미원 미원이지요….'로 시작되던 CM송은 생활 속에 뿌리내린 화학조미료의 위상을 보여준다.

미원은 일본제품 아지노모토와 유사한 명칭, 성분으로 광복 이후 시장을 선점하여 오래 전성기를 구가했다. 라이벌이 거의 없던 시장에서 화학조미료의 대명사가 되어 그 뒤 요식업소에서 사용되는 경우를 제외하고는 거의 자취를 감추고 난 뒤에도 이름만은 조미료의 대명사로 여전히 남아있다.

1960년대 이에 맞서 '미풍'이라는 제품이 시장에 뛰어 들었다. 대기업의 물량공세와 집요한 선전에도 불구하고 미풍은 결국 미원의 벽을 넘어서지 못하고 물러났다. 비슷한 성분이지만 소비자의 뇌리에 각인된 미원이라는 브랜드는 소비자 충성도를 오래 지

속시켜 주었던 것이다.

선점 제품을 추월하기 위한 후발주자의 치열한 마케팅은 라이벌 간의 수성과 탈환의 구도 속에서 결과적으로 소비자에게 유리한 환경을 제공하게 된다. 품질과 가격 그리고 소비자 서비스 측면에서 라이벌 제품 간의 피나는 각축은 유통구조와 가격, 품질개선 차원에서 긍정적인 선순환 효과를 가져오기 때문이다. 굳이 특정제품이 아니더라도 지역을 근거지로 하는 특정산업의 라이벌 구도 역시 경쟁력 강화에 도움이 되고 있다.

오늘날 프랑스 와인의 명성을 구축한 부르고뉴, 보르도 두 지역의 오랜 라이벌 관계는 이런 면에서 주목할 만하다. 동서로 나뉜 위치상 대립과 높은 긍지도 그러하고 산비탈 잘게 나뉜 다양한 토질, 드넓은 포도밭과 광활한 구릉지대, 단일 포도 품종, 적어도 2-3가지 포도를 혼합해서 생산하는 전통으로 부터 해당 와인을 선호하는 마니아층의 뚜렷한 대비, 특징적인 병모양에 이르기까지 부르고뉴와 보르도 와인은 경쟁과 협력을 통하여 수백 년 독특한 전통을 유지하고 있다.

이제 우리도 기업 간의 상호 비방, 덤핑 공세 같은 소모적인 라이벌 관계를 넘어 업종, 지역 간의 거시적이고도 긍정적인 경쟁관계를 만들어 함께 성장할 때가 되지 않았을까.

대학생들도 맛있고 값싸게 먹을 권리 있다

0~2세 영유아 보육비를 정부와 지자체가 부담하겠다고 나선지 몇 달만에 예산 부족으로 대폭 수정되었다. 당초 면밀한 검토와 재원확보책 없이 총선을 앞둔 표 얻기 전략이었다고 지탄을 받고 있지만 이제 '복지'는 피할 수 없는 시대의 지향점이 되었다. 초등학교 무상급식 논란으로 일파만파의 격랑이 일어났고 정치권에서 먼저 꺼낸 이른바 반값 대학등록금 논의도 벌써 잠잠해졌다. 극소수 공립대학 즉 시립이나 도립대학에서 시험적으로 도입하고 있지만 이 또한 형평성 논란에서 자유롭지 못하다.

선진국처럼 봉급의 30% 이상 세금을 떼어가고 은퇴 후 생활비를 충당할 만한 연금을 받는 것이 현실적인 해결책인데 조세저항이 만만치 않으니 이도저도 어려운 현실이다.

반액 대학등록금 추진 열기가 대선열풍에 묻혀 잠복한 사이 대학생들을 위한 현실적인 복지에 눈을 돌릴 만하다. 즉 대학기숙사 신축, 증축, 보수에 정부나 지자체가 대폭지원을 하거나 기존 건물을 임대하여 저렴하게 입주시키는 방안에는 큰 예산이 들지 않

프랑스 대학 식당의 3.05유로 짜리 식단은 어느 레스토랑 못지않게 풍성하다

는다. 특히 대학식당의 품격을 높여 피부에 와 닿는 복지를 펼 때가 되지 않았을까. 대학 서열 없이 도시 이름 다음에 번호를 붙인 국공립 대학이 절대 다수여서 학비가 일 년에 수십만 원 선에 불과하고 대학교육에 관한 한 늘 세계적으로 벤치마킹의 대상이 되는 프랑스 대학의 구내식당 운영체제는 눈여겨볼 만하다.

학생증 소지자라면 한 끼 식사비용은 3.05유로 즉 4500원. 우리나라 대학식당 평균수준인 2500~3500원을 조금 웃돌지만 국민소득과 물가, 음식의 양과 질을 감안한다면 무척 저렴한 편이다. 일반 방문객들에게는 7.5유로 정도를 받으니 나머지 4유로 이상을 정부가 지원하는 셈이다. 한창 먹을 나이의 대학생들에게 맛있고 영양가 있는 음식을 제공하는 것이 가장 현실적인 복지정책의 하나이기 때문이다. 우여곡절 끝에 초중등 무상급식이 자리를 잡아가는 이즈음 정부나 지자체의 대학 구내식당 학생요금 일부 보조는 그리 어려운 일이 아닐 것이다.

3.05유로짜리 기본메뉴(전채前菜와 주 요리, 후식)에 약간의 선택 품목을 곁들인 식단은 어느 레스토랑 못지않게 풍성하다. 대학생들을 제대로 먹게 하고 공부하도록 배려하는 공감대가 필요하다. 제한된 복지예산의 용도와 효용성에 대하여 전향적인 검토가 그래서 필요한 것이다.

소리 내어 책을 읽읍시다

지역에서 대형서점을 운영하는 이동선 대표는 자칭 타칭 '책 읽어주는 아빠'로 통한다. 서점을 방문하는 어린이들을 대상으로 그리고 직접 각급 학교를 찾아가 구수하고 신바람 나게 책을 읽어준다. 부모모임을 결성하여 책 읽어주기 활성화를 도모하고 이를 바탕으로 어릴 때부터 책 읽는 습관이 몸에 배도록 지도하는 것이 큰 일과가 되었다.

인터넷 서점의 무차별 공세로 나날이 어려워지는 오프라인 서점 경영도 바쁠 텐데 이제는 책 읽어 주기가 본업처럼 되어버린 이동선 대표의 소신은 한결같다. 어린이들이 스스로 흥미를 가지고 책을 골라 읽도록 지도하는 것이 매우 중요하고 이를 위하여 책에 재미를 느끼도록 책 읽어 주는 일에 나섰다는 것이다. 부모들이 한 보따리 안겨주는 책은 어린이들에게 심리적, 정서적 부담을 줄 뿐 오히려 책으로부터 멀어지기 때문에 스스로 책을 선택하는 능력을 키우려면 어린 시절부터 책방 출입을 생활화 해야 된다는 게 그의 생각이다. 얼핏 보면 서점의 영업, 홍보 마케팅으로 보

어린이들이 스스로 흥미를 가지고 책을 골라 읽도록 지도하는 것이 중요하다

일법도 하련만 그의 언행이나 성품처럼 그런 계산적인 차원에서는 조금 거리가 있다. 오래 책을 읽어 주다 보니 이제는 꽤 많은 어린이 도서를 통째로 술술 암기하여 거기에 나름 모션과 연기력까지 가미했다.

부모가 책을 읽어 주는 가정에서 자녀들이 빗나가거나 이런저런 문제를 야기하지 않는다는 것이 그의 지론이기도하다. 무조건 빨리 읽고 그 내용을 기억해야만 하는 우리나라 독서풍토에서 소리 내어 읽고 이를 듣는다는 것은 그리 쉬운 일이 아니다. 무조건 많은 책을 신속히 읽게 하여 자녀들의 성적이 향상되고 그리하여 좋은 대학에 들어가기를 염원하는 독서풍토, 의식에서 책은 한갓 경쟁의 도구로 쓰일 뿐이다. 옛 선비들이 바르게 정좌하고 또박또박 소리 높여 책을 읽었던 이유가 이해된다. 눈으로 읽는 묵독, 양적 독서를 지향하는 속독보다 음독은 이해를 깊게 하고 내용의 깊은 뜻과 문장의 감칠맛까지 느낄 수 있다.

눈을 보고 입으로 읽고 귀로 들어가며 익힌 책 내용은 지식습득 이상의 많은 이로움을 안겨준다. 눈과 머리라는 단순한 경로에 비해 눈, 입, 귀라는 여러 감각기관을 거친 지식과 깨달음이 튼실할 것은 자명한 이치가 아닐까. 요즈음 경향 각지에서 크게 성행하는 시 낭송 붐도 보고 말하고 듣고 생각하는 즐거움에 비로소 눈뜬 결과가 아닐까.

육필원고가 사라졌다

컴퓨터가 시인, 작가들이 글 쓰는 작업의 유용한 도구로 등장하면서 나타나는 중요한 변화의 하나는 초고나 수정원고, 최종원고 같은 집필 과정의 여러 흔적이 전혀 남게 되지 않는다는 점이다. 지금도 원고지에 글쓰기를 고집하는 사람들이 더러 있어도 어느 사이 컴퓨터 입력은 글쓰기의 대세, 편리하고 손쉬운 방안의 하나로 굳어졌다. 종이의 수명은 제한이 있다지만 육필원고 첨삭 과정을 연구하여 작가, 시인이 보여주는 미세하고 흥미로운 의식변화와 이에 따른 작품의 변모 과정, 거기서 유추할 수 있는 중요한 논점과 테마는 근대 이후 인문학 연구의 중요한 영역으로 자리 잡아왔다. 인간연구와 삶의 조망이 거기서 가능하였던 것이다.

작가들의 피 말리는 고통의 산고를 여실히 보여주는 육필 초고나 여러 종류의 원고가 오늘날까지 귀중한 문화유산으로 보호받으며 전승되고 있지만 앞으로는 이러한 유물, 문화재를 찾기 어려워졌다. 당장 몇 십 년 뒤에는 컴퓨터 파일만 남아 글쓴이는 세상을 떠나도 그가 쓴 글은 사이버 공간을 영원히 떠돌게 되었다. 흥

작가들의 피 말리는 고통의 산고를 여실히 보여주는 육필 초고나 여러 종류의 원고가 오늘날까지 귀중한 문화유산으로 보호받고 있다

미롭고 불가사의하기도 한 작품 형성 과정을 더 이상 추적, 연구할 수 없게 된 셈이다. 과정보다는 결과를 중요시하는 세태가 여기서도 나타난다.

컴퓨터에 '저장'되는 것은 여러 단계 수정과 첨삭을 거쳐 마침내 완성된 최종 결정판이어서 일부러 초벌이나 중간단계 원고를 챙겨두지 않으면 영원히 그 기록은 존재하지 않게 되기 때문이다. 인터넷시대는 이렇듯 작가의 창작과정이 커서의 분주한 움직임으로 간단없이 지워지고 생성되면서 수없이 고치고 새로 쓴 흔적을 말끔하게 정리하는 동안 오로지 마지막 남게 된 최종의 원고만을 보여줄 따름이다.

인터넷의 편리한 기능 뒤에 남는 아쉬움은 창작의 고통, 그 기록이 사라져 버린다는 사실 말고도 필기력의 쇠퇴, 육필 글씨 쓰기에 대한 거부감, 기록문화에 대한 무관심 나아가 논리적 추리와 사고능력의 저하 등 한 두 가지가 아니다. 휴대전화, 차량 내비게이션 장치, 노래방 모니터 등이 나날이 인간 기억력과 인지능력, 두뇌활동을 위축시키고 있어도 우리는 언제까지나 이런 '위험한 편안함', '바보를 만드는 문명'에 빠져 있어야만 할까.

'벨리브'에서 '오토리브'까지

세계 각국 대도시 교통난은 어디나 비슷하다. 선진국은 자동차 홍수로 몸살을 앓고 개발도상국에서는 오토바이가 이를 대체한다. 도로망 정비며 합리적인 교통순환 시스템이 상대적으로 미흡한 동남아 이들 지역에서 장차 오토바이가 자동차로 바뀐다면 어떻게 될까.

그래서 대중교통 이용을 권장한다. 그런데 이런 교통정책을 결재하는 고위 공무원이나 관련 인사들은 기사가 딸린 승용차로 느긋하게 출근하지 않을까. 출퇴근 시간 지하철의 아비규환을 그들은 실감하지 못할 것이다. 전용차로가 생겼다고는 하지만 여전히 느려터진 버스며 노약자, 장애인에게는 아직도 힘겨운 전철역 승하차 출입구조 등 무조건 대중교통 이용을 권장하기에는 일정한 한계가 있다.

프랑스 파리 시민들의 고달픈 삶을 빗대 '메트로-불로-도도'라는 표현이 회자된다. 각기 전철, 직장, 수면을 지칭하는 용어인데 파리 직장인들 삶의 고달픔을 정확히 짚어내고 있다. 붐비는 지하

스와치 시계회사에서 만든 2인용 소형승용차

철에 시달리며 비몽사몽 출근, 온종일 일에 시달리다 집에 가서 잠자기에 바쁜 대도시 시민의 단조로운 일상이 반복되는 발음 사이에서 묻어난다.

대중교통 해법으로 묘안을 짜낸 것이 도심에서 자유롭게 이용할 수 있는 자전거 대여 시스템이다. 이 방면의 모범사례라 할 수 있는 파리의 '벨리브' 즉 자전거를 뜻하는 '벨로'와 자유로운, 비어있는, 누구나 탈 수 있다는 의미의 형용사 '리브르'를 합성한 개념으로 2007년 시작된 이래 시내 중심 반경 300m안에서 찾을 수 있는 대여소에 2만여 대 자전거가 활용된다. 날씨가 궂은 날이나 밤에는 이용하기 어려운 자전거의 단점을 보완하여 작년부터 파리에서는 '오토리브'라는 전기자동차 대여시스템이 가동되고 있다. 파리와 주변 45개 위성도시에서 3000여대가 운행 중이라는데 리튬메탈중합방식을 사용한 배터리로 친환경을 내세운다. 벌써 녹색당 등 환경단체에서는 결과적으로 자동차수를 늘리는 셈이고 막대한 예산이 드는 소모성 전시행정이라는 비판도 만만치 않으니 성과는 좀 더 두고 볼 일이다.

자동차를 아예 없앨 수 없다면 면적을 작게 차지하는 소형자동차가 그 대안의 하나가 될 수 있다. 전기차라면 더욱 바람직하다. 스와치 시계회사에서 만든 2인용 소형승용차가 꽤 오래전 보급됐으나 그리 큰 반응이 없는걸 보면 대중교통 해법의 깊은 주름을 알 듯도 싶다.

할리우드 영화, 누가 맞설 것인가

할리우드로 대표되는 미국영화는 100년 넘게 영화미디어의 산업적 가능성을 시스템화하여 규모와 영향력을 키워가고 있다. 유럽에서는 감독의 고유한 작가주의 정신에 따라 개성적인 영화를 만들어나가는 반면 할리우드 영화는 프로듀서를 중심으로 스튜디오 시스템으로 기획, 제작된다. 각기 다른 소재와 스토리, 배우들의 연기에도 불구하고 미국영화를 보고난 뒤의 비슷한 느낌과 여운도 이런 환경에서 비롯되었을 것이다.

1995년 미국영화 한편의 제작비는 평균 5,400만 달러였으나 2006년 순제작비 6,580만 달러, 마케팅 비용 3,450만 달러로 총 1억 달러를 넘어섰다. 우리나라도 비슷한 추세지만 하늘 높은 줄 모르고 치솟는 스타급 연기자의 출연료는 미국의 경우 1996년 '케이블 가이'라는 영화에서 짐 케리가 받은 2,000만 달러 즉 220여 억 원은 기록할 만하다.

영화의 물량공세도 그렇지만 할리우드 영화에서 빠지지 않는 메시지, 가령 초인적 주인공의 맹활약, 가족과 국가의 위대함, 권선

제65회 칸영화제 포스터

징악, 미국이라는 축으로 집결되는 정의와 평화의 이미지 같은 상투적인 요소는 늘 한결같다. 영화의 특징인 동시에 제약이 되는 항목은 막대한 제작자금과 강력한 대중 동원력이다. 미국영화는 이런 점에서 당분간 전 세계 대중문화의 중심에 설 전망이다. 이런 속성에는 영화작가의 창작의 자유를 저해하는 역기능도 있다. 자금조달과 관객 숫자에 민감할 수밖에 없는 감독이 자신의 예술정신과 기량을 자유롭게 발휘하는데 크고 작은 제약을 받는 것이다. 최소한 제작비를 다시 회수해야 한다는 강박관념이 그런 걸림돌이다. 유럽영화는 여기서 비교적 자유롭다.

제65회 칸 영화제 경쟁부문에 초대받은 홍상수, 임상수 두 '상수' 감독에 거는 기대가 컸다. 제3세계를 포함하여 각국의 다양한 시선과 서사를 눈여겨보는 칸 영화제는 이런 할리우드의 견고한 철옹성에 맞서 영화가 주는 매력, 영화의 가능성을 견인하고 있는 셈이다.

우리나라의 경우 1000만 이상 관객을 모은 영화가 여러 편 있건만 극장 스크린을 잡지 못하여 곧바로 DVD시장으로 직행하는 작품도 허다하다. 그 속에서 할리우드 영화 「아바타」가 세운 13,302,637명이라는 우리나라 최다 관객 동원 기록은 여전히 유효하다.

4자성어에서 세상과 인간을 읽다

고故 백아白牙 김창현金彰顯 선생님께

하늘나라에서 평안하시지요. 선생님 별세소식을 들은 것이 엊그제 같은데 벌써 10여년이 흘렀습니다. 선생님은 한학과 서예, 인문학에 두루 정통하셨습니다. 일중 김충현, 여초 김응현 선생 등 형제분들과 함께 우리나라 서예계의 거목으로 선이 굵고 기운이 충만한 필체로 명성이 높았지요.

한문시간, 5척 단신에서 뿜어 나오는 고함소리에 졸고 있던 친구들은 혼비백산했고 이미 정신문화 쇠퇴 징후가 뚜렷이 드러나던 그 시절 선생님께서는 온고지신, 우리 전통문화의 중요성을 역설하시며 한자 그 자체가 아니라 거기에 담긴 삶의 지혜와 교훈을 특유의 교수법으로 일깨워 주셨습니다.

특히 한자로 된 4자성어를 중심으로 세상의 흐름과 인간속성의 핵심을 간명하게 가르쳐 주시면서 졸거나 수업태도가 불량하다든가 진지한 모습을 보이지 않으면 가차 없이 “뭐야!” 하는 청천벽력 같은 일갈로 온 건물이 쩌렁쩌렁 진동했던 기억이 새삼스럽

離合集散 合縱連橫
塞翁之馬 近墨者黑
面從腹背 類類相從
草綠同色 吳越同舟
同床異夢 面從腹背
甘呑苦吐 巧言令色
捲土重來 焉敢生心
坐不安席 勞心焦思
雪上加霜 會者定離
日就月將 殺身成仁

靑出於藍

습니다.

그때 배운 4자성어는 삶을 살아오면서 세상 바라보기의 원천으로 피부에 와 닿았습니다. 시간과 장소는 바뀌어도 인간관계의 이러저러한 허실과 세상의 운행원리 그리고 거기서 취해야 할 처신과 지혜를 깨달을 수 있었습니다. 특히 이번 19대 총선 과정을 통하여 선생님께 배운 사자성어가 바로 문자의미 그대로 또는 커다란 외연을 이루며 현실화, 연출되고 있음을 확인했습니다. 4자성어는 긍정적, 부정적 함의 그리고 가치중립적인 교훈을 시사하는 문구로 구분되는데 선거과정에서는 대체로 부정적인 측면의 해석이 대세를 이루었지요. 이합집산, 합종연횡, 초록동색, 면종복배, 감탄고토, 교언영색, 오월동주, 동상이몽, 근묵자흑 같은 정치판의 본질을 함축하는 표현이 생각났고 권토중래, 와신상담, 언감생심, 좌불안석, 노심초사, 설상가상 같이 후보자들의 내면세계를 요약하는 문구도 빠지지 않았습니다.

선거는 끝났고 승자와 패자의 극명한 위상차이 속에서 새삼 승부세계의 냉혹함, 영원한 동지도 영원한 적도 없다는 정치세계의 냉혹한 본질도 드러나는군요. 쉽지는 않겠지만 이제부터라도 정치계에서도 일취월장, 괄목상대, 살신성인 그리고 무엇보다도 선생님께서 늘 힘주어 말씀하시던 '청출어람青出於藍' 같은 긍정적이고 진취적인 풍조가 싹트고 크게 성장했으면 합니다.

문제 공직자 왜 '지방'으로 발령내는가

서울 모 검찰지청 아무개 부장검사가 출입기자들과 회식하는 자리에서 여기자들을 성희롱했다고 알려져 물의를 빚자 검찰은 부랴부랴 광주지검으로 발령을 낸 바 있다. 취중에 기억이 없다는 당사자의 변명과 함께 그냥 묻혀 넘어가는 듯싶었다. 지금까지 서울 지역 공직자들이 이런저런 구설수와 비리에 연루되어 세간의 주목을 받으면 으레 해오던 절차였다. 왜 지금까지 이런 문제 있는 공무원들을 지방으로 발령 내고 또 지방에서는 별 이의 없이 그들을 받아들였을까. 공직사회의 오랜 관행이라고 하기에는 참으로 상식을 벗어난 처사들이 수십 년간 버젓이 행해졌는데도 이렇다 할 반발이 없었던 것이다.

이번에는 상황이 달랐다. 광주지역 여성계를 중심으로 이런 지역 차별 행태를 규탄하면서 물의를 일으킨 장본인의 광주발령 취소와 함께 엄중한 문책을 요구하자 급속히 사회공론화 되었다. 서울 지역에서 말썽을 일으켰고 더구나 여기자 성추행에 연관되었다고 지탄을 받고 있는 터에 지방발령은 지역을 깔보는 처사라는 것이었다. 서울 근무에 부적합한 사람은 지방으로 발령 내도 되는 것인지 격렬하게 항의하였다.

과거에는 이런 사례에 대한 이의제기나 반발이 드물었고 전근 가서 잠시 조용히 지내면 머지않아 원대복귀하던 것이 상례였는데 이번에는 여론이 크게 비등했고 대처도 비교적 신속했다. 광주 발령에 '대기'를 덧붙이는 동시에 조사에 따라 중징계 가능성도 내비쳤다. 시민의식의 발전, 불합리한 관행을 고치려는 지역의 목소리를 확인할 수 있었다.

'지방'이라는 표현은 뉘앙스나 함의 면에서 변방, 변두리라는 차별성이 두드러진다. '지역'이라는 표현이 적절하다. 서울도 서울지방국세청 또는 "서울지방의 내일 날씨는…." 하는 것처럼 '지방'의 일부임에도 서울:지방이라는 이분법적 권위의식이 이런 불합리한 관행을 너그럽게 용인, 지속시켜준 바탕이 되었던 것이다. 얼마 전 경기도 지사가 남양주소방서 당직자와 통화하는 도중 관등성명을 밝히지 않았다고 포천소방서로 전보했다가 여론의 질타와 반발이 거세지자 맞고 부랴부랴 원대복귀 시킨 해프닝도 같은 맥락이었다.

문제공직자 지역발령이라는 비상식적인 관행에 대한 정당한 반발을 계기로 이런 지역차별적인 관행이 바로잡혀 더 이상 지역민들의 자존심을 훼손하지 않는 것이 진정한 지역발전, 지방화시대의 실천임을 새롭게 일깨운 사례였다.

포크 커틀렛과 돈까스 사이

중국 국수의 한 종류로 면에 여러 가지 해물과 야채를 섞어 볶은 다음 돼지뼈나 소뼈 또는 닭뼈로 우려낸 국물을 부어서 만드는 음식이 초마면炒碼麵이다. 여기에 일본식으로 짬뽕이라는 이름이 붙어 특히 우리나라에서 인기 있는 대중음식으로 자리 잡았다. 중국, 일본, 한국 등 동북아시아 3국의 사회문화와 정서가 섞여 초창기 국제화 메뉴의 원조가 되었다. 음식에는 국경이 없다지만 짬뽕의 경우 이렇듯 복잡한 내력과 배경이 여러 이야기를 만든다.

이즈음 뚜렷한 이유 없이 불기 시작한 우리 사회의 짬뽕 선호 열기를 어떻게 설명할 수 있을까. 때마침 라면 업계에서는 맵지 않은 흰색 국물 열풍이 드센데 나가사키 짬뽕처럼 종전 맵고 빨간 짬뽕 국물을 대체할 변화가 올지 모르겠다. 인터넷 사이트나 별미 안내서에는 전국적으로 이름 있는 짬뽕 맛집을 꼽아가며 순위를 매기기도 하고 짬뽕 한 그릇을 맛보기 위해 서울에서 공주나 익산으로 찾아가는 일이 흔해졌다. 국적 불명의 이름 짬뽕을 본래의 초마면으로 환원하자는 움직임도 있었지만 별로 호응이 없었다.

우리말도 일본어도 아니고 영어도 아닌 모호한 명칭 돈까스

음식 자체를 즐기면 그만이지 골치 아프게 이름까지 신경 쓰기 싫다는 의식의 반영일 것이다.

유사한 사례로 '돈까스'를 들 수 있다. 지금 우리나라에는 경양식 돈까스와 일본식 돈까스 두 종류가 있는데 경양식 돈까스는 1895년 일본 도쿄 긴자에 있는 '렝가테이'라는 식당에서 처음 만들기 시작했다고 한다. 이 음식점은 지금도 영업 중이다. 당시 이름은 '돈육(포크) 가스레스'(가스레스는 커틀렛cutlet의 일본 발음)로 우리나라에는 일제 강점기에 건너왔는데 가스레스를 축약, 돈까스로 부른다. 일본식 돈까스는 1929년 도쿄 우에노의 식당에서 일하던 요리사가 당시 널리 퍼져있던 경양식 포크 가스레스를 개량하여 고기 두께를 더 두툼하게 하고 빵가루를 넉넉히 입혀 튀긴 다음 썰어내 포크나 칼 없이도 젓가락으로 먹을 수 있도록 만들어 보급되었다는 것이다.

경양식이건 일본식이건 우리는 여전히 돈까스라고 이름으로 통한다. 순수한 우리말도 일본어도 아니고 영어도 아닌 모호한 명칭을 광복 70년이 가까운 지금까지 아무런 성찰 없이 쓰고 있는 셈인데 짬뽕의 경우에서도 그렇듯이 음식에 국경이 없다는 명분만으로는 아무래도 취약하다. 외국에서 기원한 음식을 즐기되 제대로 된 정식명칭이나 우리말로 순화한 이름으로 부르는 것이 마땅하지 않을까. 날로 높아만 가는 별미, 맛집, 외식, 식탐열기 속에서 정체성 있는 이름의 음식들이 점차 귀해져 간다.

병病에게 이야기를 건네다

어딜 가서 까맣게 소식을 끊고 지내다가도/ 내가 오래 시달리던 일손을 떼고 마악 안도의 숨을 돌리려고 할 때면/ 그때 자네는 어김없이 나를 찾아오네.// 자네는 언제나 우울한 방문객/ 어두운 음계音階를 밟으며 불길한 그림자를 이끌고 오지만/ 자네는 나의 오랜 친구이기에 나는 자네를/ 잊어버리고 있었던 그 동안을 뉘우치게 되네.// 자네는 나에게 휴식을 권하고 생生의 외경畏敬을 가르치네./ 그러나 자네가 내 귀에 속삭이는 것은 마냥 허무/ 나는 지그시 눈을 감고, 자네의/ 그 나직하고 무거운 음성을 듣는 것이 더없이 흐뭇하네. (…)// 자네는 나의 정다운 벗, 그리고 내가 공경하는 친구/ 자네는 무슨 일을 해도 나는 노하지 않네./ 그렇지만 자네는 좀 이상한 성밀세./ 언짢은 표정이나 서운한 말, 뜻이 서로 맞지 않을 때는/ 자네는 몇 날 몇 달을 쉬지 않고 나를 설복說服하려 들다가도/ 내가 가슴을 헤치고 자네에게 경도傾倒하면/ 그때사 자네는 나를 뿌리치고 떠나가네.// 잘 가게 이 친구/ 생각 내키거든 언제든지 찾아 주게나./ 차를 끓여 마시며 우린 다시 인생을 얘기해 보세그려.

– 조지훈, 「병病에게」 전부

좀 긴 호흡의 작품이지만 막힘없이 차분하게 읽힌다. 우리 삶을 시시각각 위협하는 두려운 존재 병病을 향하여 친구처럼 나지막하고 조리 있게 이야기를 건넨다. 서정표현에 탁월한 시인으로 인식된 조지훈 선생의 깊은 속내와 넓게 세상을 관조하는 또 다른 경륜이 묻어난다. 조금만 아프거나 탈이 나면 호들갑을 떨며 과잉진료, 병원순회로 자신의 몸을 지나치게 보살피는 이 건강 염려증후군의 시대에 병病을 마주하며 병을 바라보는 지혜를 일깨운다.

"앓는 몸이 차차로 회복해가는 것처럼 신기한 일은 없다 / 내 오래 의식하여 본 일 없는 그 인체의 균형과 안정의 자리로 내 몸이 서서히 잡히어 가는 가을(…)"이라고 한성기 시인은 '병후病後'라는 시에서 화답하듯 노래하였다. 내 몸의 신비, 인체의 그 오묘한 회복기능과 자정구조를 신뢰해야 하지 않겠는가.

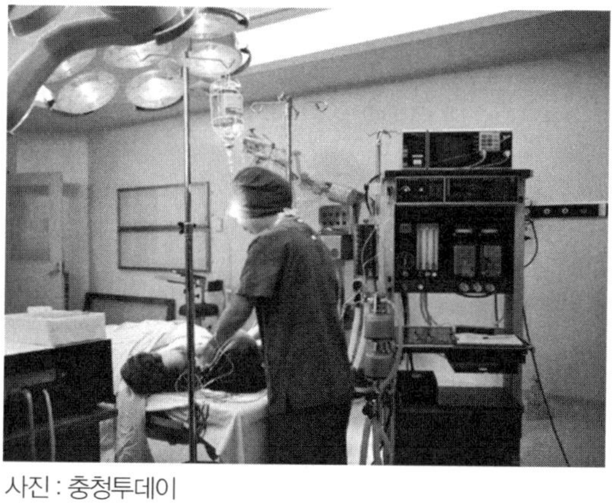

사진 : 충청투데이

소통의 사회사, 편지에서 카톡까지

중년 이상 세대들은 기억할 것이다. 설레는 가슴으로 밤을 새워 쓰던 연애편지를. 아침에 우체통에 넣을 때의 두근거림, 답장을 받으면 세상을 다 얻은 것 같았던 그 환희를. 세세히 걸러내고 꼼꼼히 다진 사랑의 감정을 한 자 한 자 써내려가며 나를 돌아보고 상대방을 배려했던 그 빛나고 순수한 소통수단, 육필편지는 이제 어디로 사라졌을까.

80년대 중반 졸업한 제자 한 명은 소도시에 직장을 얻어 일하면서 명함 뒷장에 십 원짜리 동전 두 개를 테이프로 붙여 돌렸다. 전화를 바란다는 홍보물이었는데 작은 도시에서 일약 화제가 되었음은 물론이다. 그때 통화료 이십 원이던 공중전화는 이제 거의 자취를 감췄지만 집에 한 대 있는 전화로는 은밀한 이야기가 어려워 거리의 공중전화로 내달려갔던 것이다. 뒷사람의 따가운 시선을 받으며 엉거주춤 불안한 자세로 나누던 사랑의 속삭임이 선연하다.

PC통신은 소통수단의 혁명적인 진화였다. 정보를 공유하고 세

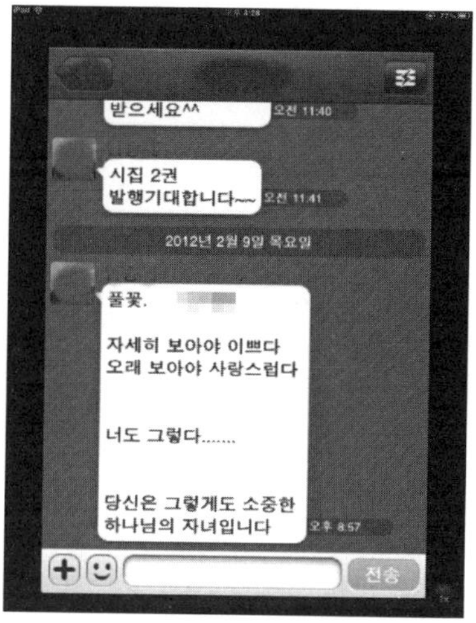

상과 접속하던 PC동호회는 오늘날 숱하게 명멸하는 인터넷 카페의 원조인 셈이다. 인터넷이 보급되기 전 PC통신은 영화 '접속'에서 보았듯 새로운 시대의 개막을 알리는 트렌드로 떠오르기도 했다.

삐삐를 기억한다. 1990년대 전성기를 누린 삐삐는 어느 때고 연인들을 연결시켜주는 기특한 발명품이었다. 삐삐에 뜬 번호를 보고 공중전화에 줄을 서는 모습은 바야흐로 싹터오는 이동통신문화의 예고편을 보여주었다. 본의 아니게 약속을 어기거나 늦을 경우 더없이 요긴했던 삐삐는 그러나 아쉽게도 뒤이은 휴대폰의 보급으로 얼마 안 가 종종걸음으로 사라져갔다.

초기 휴대전화는 볼품이 없었다. 벽돌짝만한 크기에 촌티 나는 디자인이었지만 거리를 걸어가며 통화하는 사람들은 선망의 대상이었다. 시간과 장소에 구애받지 않고 기나긴 대화가 비로소 가능해졌다. 전번 따기가 작업의 정석이 되었다. 스마트폰 카카오톡이 가세하면서 전성기를 누리는 중이다. 공항에서 작별할 때도 눈물은커녕 "전화할게…" 하며 쿨하게 떠나간다. 열차에서 두어 시간

쉬지 않고 휴대폰으로 수다를 떨던 젊은 여성이 내리면서 마지막으로 통화했다. "자세한 건 다음에 얘기해."

소통과 연결은 바로 지금 일상의 패러다임이 되었지만 애틋하고 가슴 벅찬 육필편지라는 전통의 교류경로가 사라진데 대한 아쉬움은 시대변화에 둔감한 고전적 정서 탓일까.

왜 그리 급하게 새 주소로 바꾸어야 했나

우리 국민성이 급하다고 하지만 정작 더한 것은 정부당국일 듯 싶다. 여유와 끈기를 가지고 지속적으로 추진하면 될 사안을 급박하게 몰아붙이는 면에서는 국민들의 '빨리빨리' 체질을 훨씬 앞선다. 좌측통행을 우측통행으로 바꾼 조치가 그런 경우다. 차량운행도 아니고 보행규칙이어서 충돌을 일으켜 크게 다칠 사안도 아니련만 약간의 홍보기간을 거쳐 몇 월 몇 일부터 시행한다고 조바심을 냈다. 불편을 느낀 국민 스스로 우측통행으로 바꾸기를 기다릴 수도 있었다. 국민들은 저마다의 판단과 의미파악을 거쳐 합리적이거나 자신에게 유익하다고 생각되면 자발적으로 따르련만 여전히 정부의 의식은 계몽 편향적이다.

2014년부터 시행되는 새 주소체계도 그렇다. 서울 강남이나 신도시 같이 바둑판 형태로 도로정비가 된 지역에서는 시행이 쉬울지 모르나 꼬불꼬불 난마와 같이 얽힌 지역에서는 좀 다르다. 생소한 도로 명칭에 몇 천 몇 백 번지라는 숫자를 막대한 예산 3700억을 투입하여 일괄적으로 붙여놓고 사용을 재촉하는 품새도 매

프랑스 도로표지판

한가지다.

아파트 거주 인구가 전 국민의 절반을 훨씬 넘은 이즈음 주소에 행정동 명칭에 번지를 덧붙이는 경우는 그리 많지 않다. 단독주택의 경우도 종전 사용하는 주소체계를 병행하면서 점진적으로 바꿔가도 좋지 않았을까. 새로 만들었다는 길 이름은 우선 발음하기에 불편하고 느낌이 생뚱맞다. 대부분 무슨무슨 로, 아무아무 길에 대단위 숫자를 더하여 문화시대에 걸맞지 않게 건조하고 썰렁하다. 전국 곳곳 유사한 명칭이 많아 혼동을 일으키기도 쉽다.

왜 그리 한결같이 멋과 정취를 찾아보기 어려운 행정편의적인 길 이름일까. 그 동네에서 태어나거나 거주했던 저명인사들도 많을 것이고 인근에서 일어났던 역사적 사건이나 기념할만한 내용도 많으련만 지역 여론 수렴을 소홀히 하고 너무 급하게 추진한 탓이다. 숱한 철도역 가운데 춘천 근교 신남역을 김유정역으로 바꾼 사례 하나 만으로 멈춘 것도 아쉽다. 사회가 살아 움직이는 생명체라면 길 이름 역시 지역의 고유한 삶과 문화를 담보해야 하지 않을까.

'개성의 모순' 왜 번지고 있나

특정 브랜드 점퍼가 청소년 사이에서 크게 선호되고 있다. 그 제품의 디자인이 뛰어나고 색상이 독특하다거나 특별히 튼튼한 제품도 아니건만 이즈음 일고 있는 열풍은 무엇으로 설명될 수 있을까. 이 옷을 사기 위하여 범죄나 비행도 저지르고 착용 여부에 따른 또래끼리의 위화감 조성도 예삿일이 아닌 듯싶다. 광주에서는 중학생들이 이 옷을 사기 위해 모으던 돈을 학급친구 어머니 치료비용으로 선뜻 내놓았다는 아름다운 이야기도 있고 보면 이즈음 우리 사회에 점퍼 하나가 몰고 온 파장은 사회학적, 심리적, 문화적인 맥락에서 새겨볼 만하다.

현대사회에서 유행은 대체로 모방심리에서 발생하고 그 유행의 배후에는 기업이나 특정 세력의 계획된 의도나 마케팅이 자리 잡고 있다. '올가을 유행할 화장 색조는 파스텔 톤, 이번 겨울 인기를 끌 여성패션 소재는 울wool….' 같은 지표는 대부분 관련업체에서 시장조사를 거쳐 유포시키는 트렌드이고 보면 유행의 허망함 속에 도사린 자본주의의 숨결을 느낀다.

유행은 돌고 도는 속성이 강하다. 넥타이와 신사복 깃의 폭, 여성치마 길이로부터 디자인, 색상 등이 일정 주기로 사회분위기, 경기상태 그리고 정치사회 상황과 맞물리면서 완만하게 때로는 급속하게 움직이며 대중의 의식과 감성 속으로 파고든다.

1970년대 전반기 장발과 미니스커트가 유행하던 시절, 정부는 공권력을 동원하여 대대적인 단속을 벌였다. 파출소에서 강제로 머리를 깎거나 경찰관이 줄자로 무릎 위 스커트 길이를 재고 처벌하던 시절 당국은 유행이 물거품처럼 허망한 것이며 본질상 돌고 있다는 사실을 간과했던 것이다. 그 뒤 치마가 길어지고 장발은 자취를 감췄다. 단속에 적발되어 머리를 잘리고 나와 기념으로 찍었던 낡은 흑백사진에서는 삼십여 년 전 우리 사회의 경직성과 비문화적 독재정권의 애처로운 자취가 묻어난다.

모두들 개성을 좇는다는 이즈음, 나만의 개성을 과시한다고 유행의 물결에 동참한 결과 모두 그만그만하게 획일적인 모습이 되어버리는 '개성의 모순'을 답습한다. 너나없이 들고 다니는 이른바 명품 핸드백이 그러하고 잠들 때까지 놓지 않는 스마트폰, 또 하나의 교복이 되어버린 어떤 점퍼에 이르기까지 디자인 강국 우리나라는 지금 개성의 모순이라는 거대한 물결 속에 부유하고 있는 듯하다.

출판기념회에 가보셨나요

2005년 봄 난생 처음 출판기념회라는 행사를 해본 적이 있다. 막상 날짜를 잡고나니 걱정이 앞섰다. 초대장을 누구에게 보낼까, 공연히 폐를 끼치는 것이 아닐까, 혹 보내지 않았다고 서운해 하거나 받고나서 귀찮아할지도 모르지, 준비한 음식이 모자라거나 남을 경우 어찌하나 등등 이런 이벤트를 처음 준비하는 초짜답게 근심이 깊었다. 다행히 성황을 이루었지만 다음부터는 이런 행사를 하지 않아야겠다고 마음먹었다. 모두 바쁜데 저녁시간을 비워 달라는 것도 염치없고 판에 박힌 식순, 평범한 뷔페음식 또한 매력이 없었다. 이런 전통적인 출판기념회 말고 다른 이벤트는 없을까 지금껏 궁리해 보지만 아직 뾰족한 해법을 찾지 못했다. 주변에서도 아직 이런 방식으로 진행되고 있다.

출판기념회 순서는 거의 엇비슷하다. 몇 명의 축사, 저자의 답사, 꽃다발 증정, 거기에 기념패 같은 것을 주인공이 받기도 하는데 대개 자기가 만들어 자기에게 주는 이런 생뚱맞은 순서가 왜 있어야 하는지 모르겠다. 간혹 축가 연주가 들어가고 책에 관한

1949년 봄 대전시내 아랑다방에서 소수의 문인, 친지들이 참석한 가운데 열린 정훈 시인의 시집 『머들령』 출판기념회

주례사 서평이 포함된다. 결혼식장이나 빈소에는 으레 봉투를 준비하지만 출판기념회는 좀 생소한 편인지 또는 얼마를 넣으면 좋을지 몰라 망설이다 그냥 오는 하객들도 있다. 이나저나 참석자들에게 스트레스를 주기는 매일반이다. 세상이 바뀌고 삶의 패턴이 급속하게 변화하건만 출판기념회만큼은 여전히 판에 박은 전통의 아날로그 형식을 고수하고 있는 셈이다.

예전 소박한 출판기념회 정경을 그려본다. 사진에서 보시는 것처럼 지난해 탄생 100주년을 맞은 소정 정훈 시인(1911~1992)의 『머들령』 출판기념회는 1949년 봄 대전시내 아랑다방에서 소수의 문인, 친지들이 참석한 가운데 열렸다. 이 장면은 대전문학사의 한 페이지를 장식할 만한 이벤트였다. 책이며 출판 자체가 드물었고 더구나 출판기념회라는 개념도 생소했던 그 당시 정훈 선생의 출판기념회는 『머들령』이라는 작품집의 문학적 성과, 비중과 함께 기억할만하다.

지방선거를 앞두고 우후죽순으로 이어진 예비후보들의 출판기념회는 변형된 선거운동의 일환이었다. 세 과시, 눈도장 찍기, 진정성이 의심스러운 수사적 열변, 판에 박은 띄워주기 축사 등으로 그렇지 않아도 거품이 끼어가는 출판기념회의 본질을 가리는 허망한 이벤트라면 과도한 표현일까.

새해에는 좀 적게 먹읍시다

투입(input)과 산출·생산(output)이 조화를 이루어야 개인이고 기업, 사회 나아가 국가가 건강할 수 있겠다. 이렇게 볼 때 지금 우리 사회는 먹을거리에 관한한 심각한 불균형에 처해있다.

세계 그 어느 나라에서 TV에 음식, 식당 이야기가 우리처럼 많이 소개되는 경우가 있을까. 어떤 음식이 방송을 타면 식료품점에서는 그 음식이 동이 나는가 하면 소개된 음식점을 조회하려고 해당 프로그램 홈 페이지는 불이 날 지경이다. 그리고 그 식당은 상당기간 호황을 누리며 간판과 내부 장식에 무슨 TV에 방영된 집이라는 광고가 큼지막하게 나붙는다. 거의 모든 지상파, 케이블 TV, 종편에서 음식과 맛집 안내를 하루도 거르지 않고 전국 각 고장 소개 프로그램에서도 지역 별미 소개에 상당시간을 할애하고 있다. '잘먹고 잘살자'는 기치 아래 전국이 거대한 식탐의 현장으로 바뀌어 버렸다.

TV에 소개된 맛집 상당수가 사전 각본으로 동원된 엑스트라 고객들로 연출된다는 보도와 다큐멘터리 영화까지 나왔지만 그게

언제였냐는 듯 여전히 이런저런 맛집 소개는 인기를 끈다.

먹고 마시는 분량과 칼로리 함량은 나날이 높아가는데 방출, 즉 운동량이나 활동 에너지 소비는 줄어드는 투입–방출의 불균형이 여기서 불거진다. 리모컨, 자동차, 엘리베이터, 총알배달, 인스턴트식품과 패스트푸드, 휴대전화, 인터넷, 네비게이션 등으로 몸을 거의 움직이지 않아도 불편함이 없는 생활은 기본적인 활동량마저도 더욱 떨어뜨린다. 위胃의 80%만 채우는 것이 좋다고 하지만 끊임없는 음식의 유혹은 치명적이다. 동물들은 일정부분 배가 차면 먹기를 중단하지만 인간들의 식욕은 거의 무한대로 치닫는다.

'적게 먹어라'고 의사들과 학자들이 충고한다. 체중감량이나 치료목적이 아니더라도 건전한 두뇌활동과 건강유지를 위하여는 되도록 덜 먹는 것이 필요하지만 매스컴이나 사회분위기는 여전히 더 많이, 더 푸짐하게, 더 고급스럽게로 부추긴다.

한동안 '부자' 열망에 휩싸여 '부자되라'며 물질적인 욕망으로 이끌던 사회가 올 한해 선거열풍에 편승하여 더 세속적으로 나아갈지 모르겠다. 약간 부족한 듯 먹고 많이 움직이는 사회, 욕망의 슬기로운 통제를 지향하려면 우선 매스컴이 선동하는 무분별한 음식 소개, 맛집 탐방부터 제동이 필요하지 않을까 싶다.

|지은이의 말|

아름답고 힘있는 에너지, 문화를 생각한다

여러 매체에 발표한 문화에세이를 모아 작은 책을 펴냅니다. 1995년 『사람과 사람 사이 문화와 문화 사이』 이후 20년 동안 일곱 권의 문화론집을 출간한 셈입니다. 그사이 우리 사회는 엄청난 변화를 경험했고 특히 문화예술 분야의 성장과 확산은 문화사회로의 진입을 실감하게 합니다.

문화시대가 도래하면 모두가 행복하고 아름다운 삶을 향유할 것 같은 전망을 던져주기도 하였고 예술이 사회의 어지러움과 불행을 막아 모두가 편안한 일상을 누릴 수 있으리라는 전망도 있었습니다. 그러나 그 기대와 예측은 항상 미흡한 채로 불확실성속에서 변형되기 일쑤였습니다.

누구나 고르게 누리는 문화혜택과 일상 속 예술 향유를 통한 문화민주

주의, 문화복지를 기대하며 나름 생각해본 다양한 장르의 글을 통하여 저는 문화가 주는 에너지, 그 잠재적 힘을 눈여겨 보았습니다. 살아가는 생활양식의 집합, 한 시대 한 집단 구성원 의식의 총체가 문화라는 개념으로 집약된다면 지금 우리가 꿈꾸는 아름다운 문화세상의 실현이 조금 더 빨라졌으면 합니다. 그런 희망을 조금 더 구체적으로 그려내려 한 이 책에 실린 소박한 주장이 공감대를 얻었으면 합니다.

2014년 이른 봄

이 규 식

문화 에너지

이규식 문화론집
문화 에너지
■
발행 2014년 2월 07일
■
지은이 이규식
펴낸이 이순옥
펴낸곳 도서출판 문화의힘
대전 동구 대전로 867번길 52(삼성동)
한밭오피스텔 406호/ 등록 제117호
전화 042-633-6537
전송 0505-489-6537
■
ISBN 978-89-90647-70-2

값 15,000원